AI极简经济学

阿杰伊·阿格拉沃尔
（Ajay Agrawal）

乔舒亚·甘斯
（Joshua Gans）

阿维·戈德法布
（Avi Goldfarb）　◎著　　闫佳◎译

Prediction Machines

The Simple Economics of Artificial Intelligence

湖南科学技术出版社　博集天卷　CS-BOOKY

图书在版编目（CIP）数据

AI 极简经济学 /（加）阿杰伊·阿格拉沃尔
（Ajay Agrawal），（加）乔舒亚·甘斯（Joshua Gans），
（加）阿维·戈德法布（Avi Goldfarb）著；闫佳译 . —
长沙：湖南科学技术出版社，2018.12
书名原文：Prediction Machines：The Simple
Economics of Artificial Intelligence
ISBN 978-7-5357-9964-7

Ⅰ.①A… Ⅱ.①阿… ②乔… ③阿… ④闫… Ⅲ.①
人工智能—影响—经济学 Ⅳ.①F-39

中国版本图书馆CIP数据核字（2018）第223489号

著作权合同登记号：图字18-2018-233

PREDICTION MACHINES: The Simple Economics of Artificial Intelligence
by Ajay Agrawal, Joshua Gans and Avi Goldfarb
Copyright 2018 Ajay Agrawal, Joshua Gans, Avi Goldfarb
Simplified Chinese translation copyright © 2018
by China South Booky Culture Media Co., Ltd.
Published by arrangement with authors c/o Levine Greenberg Rostan Literary Agency
through Bardon-Chinese Media Agency
All rights reserved.

上架建议：畅销·经济学

AI JIJIAN JINGJIXUE
AI 极简经济学

作　　者：[加]阿杰伊·阿格拉沃尔　[加]乔舒亚·甘斯　[加]阿维·戈德法布
译　　者：闫　佳
出 版 人：张旭东
责任编辑：林澧波
监　　制：吴文娟
策划编辑：徐海凌
特约编辑：叶淑君
版权支持：辛　艳
营销编辑：徐　燚　李天语
装帧设计：潘雪琴
出版发行：湖南科学技术出版社（湖南省长沙市湘雅路276号　邮编：410008）
网　　址：www.hnstp.com
经　　销：新华书店
印　　刷：三河市百盛印装有限公司
开　　本：700mm×995mm　1/16
字　　数：200 千字
印　　张：14.5
版　　次：2018 年 12 月第 1 版
印　　次：2018 年 12 月第 1 次印刷
书　　号：ISBN 978-7-5357-9964-7
定　　价：58.00 元

若有质量问题，请致电质量监督电话：010-59096394
团购电话：010-59320018

献给：

我们的家人、同事、学生，以及初创企业，

是他们启发我们冷静、深入地思考人工智能。

目

Contents
录

第 **1** 章

导 言

　　下面的场景就算眼下听上去不太耳熟，也很快会变成生活中的常态。一个小孩正独自在房间写作业。突然，房里传来："特拉华州的首府是哪里？"家长开始琢磨。巴尔的摩……显然不对……威尔明顿……不是首府。家长还没想完，一台名叫"Alexa"的机器就给出了正确答案："特拉华州的首府是多佛。"Alexa是亚马逊的人工智能（Artificial Intelligence，简称AI）语音助手，能够理解自然语言，并以闪电般的速度回答问题。Alexa将取代父母，成为孩子眼里全知全能的信息来源。

　　人工智能无处不在。它在手机、汽车里，在我们购物、相亲的过程中，它甚至遍布医院、银行和媒体。难怪公司董事、首席执行官、高级副总裁、经理、团队领导、企业家、投资人、教练和决策者都在这场了解人工智能的竞赛中感到焦虑：他们意识到，人工智能即将从根本上改变他们的行业。

　　我们三人站在了一个有利于观察人工智能进步的独特位置。我们都是经济学家，因为研究上一轮伟大的技术革命——互联网而奠定了职业发展的方向。经过多年的研究，我们学会了透过铺天盖地的宣传，把目光聚焦于技术对于决策者的意义上。

我们还创立了颠覆性创新实验室（Creative Destruction Lab，简称CDL）。这是一个尚处于种子阶段的项目，旨在提高科学型初创企业的创业成功率。起初，该实验室对所有类型的初创企业开放，但到2015年，许多激动人心的投资结果都是来自人工智能方向的公司。据我们所知，截至2017年9月，颠覆性创新实验室已连续三年成为全球最密集的人工智能初创企业的聚集地。

出于这个原因，该领域的许多领导者定期前往多伦多参加颠覆性创新实验室的活动。例如，在整个项目研发期间，为亚马逊的Alexa发明人工智能动力引擎的主要人物之一威廉·滕斯托尔-佩多（William Tunstall-Pedoe），每隔八周就从英国剑桥飞到多伦多与我们碰头。旧金山的巴尼·佩尔（Barney Pell）也是如此，此前，他曾领导美国国家航空航天局旗下一支85人的团队，把第一代人工智能发射上了浩瀚太空。

颠覆性创新实验室在这一领域获得主导地位，一部分原因是我们恰好位于加拿大的多伦多。近年来，机器学习推动了人们对人工智能的研究兴趣，而多伦多又孕育了很多机器学习领域的核心发明。实际上，当今已经产业化的世界顶级人工智能团队，包括Facebook、苹果公司和埃隆·马斯克（Elon Musk）的Open AI在内，其领头专家都有多伦多大学计算机科学系的背景。

与如此多人工智能的应用近距离接触后，我们不得不思考这一技术给企业战略带来了何种影响。我们的解释是，人工智能是一种预测技术，预测是决策的输入端，而经济学又为任何决策所包含的权衡取舍提供了一套完美的解释框架。所以，一半靠运气，一半靠策划，我们发现自己在恰当的时间和地点为技术专家和商界从业者架起了一座桥梁，结果便是这本书。

我们的第一个重要发现是，人工智能新浪潮实际上并没有给我们带来智能，它带来的是智能的一个关键组成部分——预测。在上面的场景中，小孩提出问题时，Alexa做的是，收录听到的声音，预测小孩说出的单词，再预测这些单词要查找的信息。Alexa并不"知道"特拉华州的首府，但可以预测：当人们提出这样一个问题时，他们寻找的就是一个特定的答案——多佛。

颠覆性创新实验室的每一家初创企业都建立在更准确的预测带来的好处上。Deep Genomics（深度学习基因公司）通过预测DNA改变时细胞发生的变化来改进其医学实践。Knote公司通过预测文档的哪些部分应该编辑来改进法律实践。Validere公司通过预测输入原油的含水量来提高炼油厂的效率。这些应用之道，就是大多数企业不久的将来发展方向的缩影。

如果你想弄明白人工智能对自己意味着什么，却又一头雾水，那么这里有我们带来的好消息。哪怕你从未涉足卷积神经网络的编程工作，也从未研究过贝叶斯统计学，我们也能帮你理解人工智能的含义，领略这一技术的进步。

如果你是公司领导，我们可以帮助你了解人工智能对管理和决策的影响。如果你是学生，或者刚毕业，我们能为你提供一套框架，思考就业的演变和未来的职业发展。如果你是金融分析师或风险投资人，我们将为你提供可构建个人投资主张的结构。如果你是一位政治决策者，我们将为你提供指导，帮助你理解人工智能将怎样改变社会，政策又该如何塑造这些变化，让它们朝着好的方向前进。

经济学为理解不确定性，以及不确定性对决策的意义，提供了坚实的基础。更准确的预测可以降低不确定性，我们用经济学告诉你，人工智能对你在运营企业的过程中即将做出的决策意味着什么。反过来说，凭借这些认识，你将更加明白，对于企业内部的工作流程来说，哪些人工智能工具可能给你带来最高的投资回报率。由此，你将构建起一套设计企业战略的框架，比如怎样重新思考企业的规模和经营范围，以便利用基于廉价预测的全新经济现实。最后，我们还罗列了与人工智能相关的重要权衡：就业、企业权力的集中度、隐私和地缘政治。

什么样的预测对你的公司最为重要？人工智能的进一步发展，会怎样改变你赖以为重的预测？随着个人电脑和互联网的兴起，各行各业重新配置了就业岗位，为响应预测技术的进步，你所在的行业将怎样对就业岗位进行重新配置？人工智能是全新的技术，目前人们对其缺乏了解，但我们所应用的经济学坚实可靠；我们所举的案例当然会随着时代前进而被淘汰，但本书所介绍的框架却不然。哪怕随着技术进步，预测更加精确化和复杂化，我们的这些见解仍将适用。

但《AI极简经济学》并非你在人工智能经济时代取得成功的制胜法宝。身为经济学家，我们强调权衡与取舍。数据越多，意味着隐私越少。速度越快，意味着准确度越低。自主性越强，意味着控制力越弱。我们无法为你的企业开出最佳战略的处方。那是你的任务。最适合你所在公司或所属职业的战略应该取决于你在每一次权衡时怎样拿捏各方要素的权重。本书提供的是一种结构，让你锁定关键的权衡，评估利弊，以做出最适合你的决策。当然，就算你手里有了我们的框架，情况也在迅速变化。这意味着，你需要在无法充分掌握信息的条件下做出决定，但即便如此，这也比无所作为好。

本章要点

Prediction Machines

※ 人工智能当前的进步浪潮给我们带来的其实不是智能，而是智能的一个关键组成部分——预测。

※ 预测是决策的核心输入。经济学有着成熟完备的框架可解释决策的产生。预测技术的进步带来的潜在意义还很新，人们也缺乏足够理解，但它与经济学中历史悠久且为人熟知的决策理论的逻辑结合起来时，可带来一系列洞见，指导你所在的组织走向通往人工智能的道路。

※ 什么是最好的人工智能战略，什么是最出色的人工智能工具，往往并无固定答案，因为人工智能关乎权衡：速度越快，准确度就越低；自主性越强，控制权就越弱；数据越多，隐私就越少。我们为你提供了一种方法，这一方法可以识别出各种人工智能决策的相关权衡，让你可以根据自己组织的使命和目标，评估交易的两面性，最终做出最适合自己的决策。

第 **2** 章

廉价改变一切

所有人都已经，或者即将迎来自己的人工智能顿悟时刻。我们习惯了媒体上充斥着"新技术即将改变生活"的报道。虽然我们中有些人是技术爱好者，欢庆着未来的无尽可能，另一些人是技术恐惧者，哀悼逝去的美好时光，但几乎所有人，都太习惯技术新闻不断敲响的鼓点了，以至于近乎麻木地念叨着，"唯一不变的就是变化本身"。直到我们迎来自己的人工智能顿悟时刻。然后，我们意识到这次的技术有些不一样了。

2012年，一些计算机科学家经历了他们的人工智能顿悟时刻。当时，多伦多大学的一支学生团队在可视物体识别大赛 ImageNet①中以优异的成绩胜出，第二年，所有的决赛队伍都采用了当时还很新颖的"深度学习"法参与竞争。物体识别不仅仅是一场比赛——它能让机器"看见"。

2014年1月，一些技术公司的首席执行官经历了他们的人工智能顿悟时

---

① ImageNet是按照WordNet架构组织的大规模带标签图像数据集。

刻。他们看到头条新闻上说，谷歌刚刚花了6亿多美元买下了英国初创公司DeepMind。尽管相较收购价格，这家初创公司创造的收入微不足道，但它展示了人工智能在独立自主且未安装预设程序的情况下学会了玩雅达利电子游戏，并且获得高于人类的成绩。

那年晚些时候，一些普通人经历了他们的人工智能顿悟时刻。他们听到著名物理学家斯蒂芬·霍金（Stephen Hawking）着重解释道："……文明能提供的一切，都是人类智慧的产物……人工智能的成功发明将成为人类历史上的最大事件。"

还有些人在第一次乘坐高速行驶的特斯拉时，经历了自己的人工智能顿悟时刻。他们将手从方向盘上松开，让汽车依靠自动驾驶仪（Autopilot AI）在车流里穿梭。

中国政府经历了人工智能顿悟时刻：全国上下目睹了DeepMind公司开发的人工智能围棋软件AlphaGo（阿尔法狗）在2016年击败韩国围棋选手李世石，并于次年击败全球排名第一的中国棋手柯洁。《纽约时报》将这次比赛形容为中国的"斯普特尼克时刻（Sputnik moment）"。正如苏联发射人造卫星"斯普特尼克号"使得美国大力投资科研，中国对这一事件做出了类似反应，制定了到2030年占据人工智能世界领先地位的国家政策，并对此给予了财政支持。

2012年，我们自己也经历了人工智能顿悟时刻：当时我们观察到，采用最先进的机器学习技术、向颠覆性创新实验室提出申请的人工智能初创公司的数量，已经从涓涓细流变成了一股激流。这些公司涉及多个行业——药物开发、客户服务、制造、质保、零售和医疗器械。这项技术十分强大且通用性极强，在范围极广的应用领域中创造了重要价值。我们着手研究，试图从经济角度理解它的意义。我们知道，与其他技术一样，人工智能受制于同一种经济环境。

简而言之，技术本身让人惊叹。早些时候，著名风险投资家史蒂夫·尤尔韦特松（Steve Jurvetson）打趣说："几乎可以肯定的是，你在未来5年体验到的任何像变戏法一样的产品，都建立在这些算法之上。"史蒂夫说人工智能就像是"变戏法"，跟《2001太空漫游》《星球大战》《银翼杀手》，以及更近的《她》和《机械姬》等电影里的描述相呼应。我们理解史蒂夫对人工智能应用的描述（"变戏法"），也对此感同身受，但身为经济学家，我们的任务是把这些扑朔迷离的设想变得简单、清晰且实用。

戳穿噱头

经济学家对世界有着与众不同的看法。我们会从供求关系、生产与消费、价格与成本的框架来思考一切问题。虽然经济学家们之间经常意见不一，但我们立足于一套共同的框架。我们对假设和阐释存在争议，但我们对基本的概念，如稀缺性和价格竞争所扮演的角色意见一致。这种观察世界的方法带给我们一个独特且有利的视角。从消极的一面来说，我们的视角可能会显得很枯燥，无法让我们成为晚宴上受欢迎的客人。从积极的一面来说，它有利于为商业决策提供清晰的信息。

我们从最基础的价格着手。如果某样东西的价格下降，那么我们会更多地使用它——这就是简单的经济学。这种情况正出现在人工智能行业。人工智能变得随处可见了。它挤满了你手机的应用程序，它正在优化你的电网，它正在取代你的股票投资组合经纪人。用不了多久，它说不定就会载着你到处走，或者给你配送快递了。

如果说经济学家擅长做某件事的话，那就是"戳穿噱头"。当其他人看到的是改头换面的新发明时，我们只看到价格下跌。但不仅如此，要了解人工智能如何影响了你所在的机构，你必须清楚地知道哪些东西的价格发生了变化，以及这种变化将如何蔓延至更广阔的经济领域。此时，你才能制定应对之策。经济发展的历史告诉我们，对重大发明带来的冲击感受最深的通常是人们意想不到的领域。

让我们回想一下1995年商业互联网的故事。在大多数人看着《宋飞正传》时，微软发布了自家第一套多任务操作系统Windows 95。同年，美国政府解除了在互联网上承载商业流量的最后限制，网景公司迎来了商业互联网上第一次重大的首次公开募股（IPO）。互联网从"新奇好玩的技术"变成一股席卷所有行业和政府的商业浪潮，那一年是转折点。

网景公司的首次公开募股获得了30亿美元的估值，哪怕它一分钱也没赚过。风险投资家对初创公司动辄给予数百万美元的估价，即便它们还处在用一个新词描述即"前收入"（pre-revenue）的阶段。刚毕业的工商管理硕士（MBA）毕业生拒绝了收入诱人的投资银行和咨询工作，打算到网上去搏一搏运气。随着互联网的影响逐渐扩散至各行各业，遍及价值链上下，技术倡导者们不再把互联网称为新技术，而开始把它称作"新经济"。这个词流行开来。互联网超越了技术，从基础层面渗透到了人类活动的方方面面。政治家、企业高管、投资人、企业家和主要新闻机构开始使用这个词。每个人都开始畅谈"新经济"。

每个人，我的意思是，除了经济学家之外的每个人。我们没有看到新的经济，或者新的经济学。对于经济学家来说，它看起来就是寻常的旧经济。诚然，发生了一些重要的变化。商品和服务可以数字化流通了。交流变得更容易。想要查找信息，点击搜索按钮就行了。但所有这些事情，从前都能做到。只不过，它们现在可以以低廉的成本做到了。换句话说，互联网的兴起意味着分销、通信和搜索成本的下降。从由贵转贱、由稀缺变富足的思维来重新阐释这种技术进步，有利于思考它对你的事业会产生何种影响。例如，如果要你回想第一次使用谷歌搜索的体验，你会记起它魔术般呈现信息的能力。而以经济学家的角度看，谷歌只是让搜索变得更廉价了。当搜索变得廉价时，那些通过别的方式提供信息检索并以此赚钱的企业（如黄页、旅行社、分类广告等）感到了严重的危机。与此同时，那些仰赖被人发现的职业（如自助出版作品的作家、稀有收藏品卖家、本土电影制作人等）得到了蓬勃发展。

没错，特定活动相对成本的这种变化，极大地影响了部分企业的商业模式，甚至也影响了部分行业的结构体系。然而，经济规律并未发生改变。一切仍然可以从供求的角度来理解。我们仍然可以利用现成的经济学原理，制定策略、为政策提供信息、预测未来。

廉价意味着随处可见

当某种基础产品的价格大幅下跌时，整个世界都可能发生变化。以照明为例。你很可能是在人工光源下阅读这本书的。而且你兴许从来没想过，为了读书而打开灯是否值得的问题。照明太廉价了，任你使用。但经济学家威廉·诺德豪斯（William Nordhaus）曾做过细致的考察，要在19世纪初获得等量的照明，你的花销是如今的400倍。在这样的价格下，你不可能不注意到成本。要不要使用人工照明工具来阅读本书，会让你反复掂量。照明价格此后的下跌点亮了整个世界。它不仅把夜晚变成了白昼，而且让人得以在自然光线无法穿透的大型建筑物里工作和生活。要不是人工照明的成本跌到几近于无，我们今天拥有的一切几乎都无法实现。

技术变革让原本昂贵的东西变得廉价。照明成本的急剧下降，使我们的行为发生了转变，从先前需要决定是否开灯，到现在毫不迟疑地打开电灯开关。这种下降给了我们机会去做原先无法做到的事情；它把"不可能"变成了"可能"。所以，像照明这样的基本生产资料的价格大规模下跌将带来什么样的影响，经济学家毫无例外会对此着迷。

廉价照明带来的一些影响很容易想象，另一些却不那么明显。当新技术（不管是人工照明、蒸汽动力、汽车，还是计算机）令得某种东西变得廉价，到底什么会受到影响，并不总是一目了然的。

蒂姆·布雷斯纳汉（Tim Bresnahan）是斯坦福的经济学家，也是我们的导师之一。他指出，计算机运行算法，仅此而已。计算机的出现和商业化让算法变得廉价了。[①]一旦算法变得廉价，我们不仅在传统领域内需要运算的地方更加频繁地应用它，也会把这种新近变得廉价的运算能力应用到一些此前与运算无关的领域，例如音乐。

被誉为第一位程序员的埃达·洛夫莱斯（Ada Lovelace）看到了这种潜力。在19世纪初昂贵的照明条件下，她撰写了最早的录制程序，在查尔斯·巴比奇（Charles Babbage）设计的一台尚处理论阶段的"计算机"上，计算出了一连串数字（"伯努利数"）。这里，有必要提一笔巴比奇，因为他也是一位经济学家。我们在本书中会看到，这不是经济学和计算机科学唯一的交叉点。但理解运算能够"扩大规模"（这是现代初创公司的术语）和实现更多功能的人是洛夫莱斯。她意识到，计算机的应用并不局限于数学运算。"比如，假设和声科学和音乐作品里音调的基本关系可以用数学方式来表达，那么，这台引擎就能创作出精致而又科学的作品，再复杂的作品都没问题。"当时计算机并未问世，但洛夫莱斯却预见到，音乐（按照定义，它是一种充满艺术和人性的形式）可以存储在运算机器里，并反复播放。

日后发生的情况正是如此。一个半世纪之后，运算的成本变得足够低，继而产生了大多数人做梦都不曾料到的成千上万种应用方式。由于算法对于许多事情都是一种重要的输入要素，在它变得廉价之后，与此前照明上发生的事情一样，它改变了世界。以净成本之类的术语来描述某种最新的伟大技术，能够戳穿噱头，尽管这么做不能让这一技术看上去那么令人兴奋。你永远不会见到史蒂夫·乔布斯发布"一台全新的加法机"，尽管这就是他做的全部事情。通过减少某些重要部分的成本，乔布斯的全新加法机改变了世界。

① 这属于运算的整体成本逐渐减少这一漫长趋势的一部分。

现在，让我们来看看人工智能。人工智能在经济上的重要意义，正是因为它会让重要的东西变得廉价。此刻，你或许正思考这东西会是智能、推理或思想本身。你也许想象着，机器人或那种没有血肉之躯的"生命"已经无处不在，就像《星际迷航》里友好的机器人，它们让你不需要再费心思考。洛夫莱斯也想到了同样的内容，但她很快打消了这个念头。她写道，至少考虑到计算机本身，"它没有创造的野心。它可以做任何我们吩咐它去执行的事情。它可以按照分析去做，但它不具备预知需要解析的关系或真相的能力"。

尽管伴随人工智能的概念出现了各种噱头和信仰，但阿兰·图灵（Alan Turing）日后所称的这一"洛夫莱斯夫人的异议"始终屹立不倒。计算机依然无法思考，所以思考还不会变得廉价。相反，会变得廉价的是某种非常普遍的东西，就跟运算一样，你甚至都意识不到它会变得何等常见，以及其价格下跌将对我们的生活和经济产生何等庞大的影响。

新的人工智能技术会让什么东西变得廉价呢？预测。故此，经济学显示，我们不仅会大量运用预测，还将看到它应用于出人意料的新领域。

廉价创造价值

预测是填补缺失信息的过程。预测将运用你现在掌握的信息（通常称为"数据"），生成你尚未掌握的信息。大部分有关人工智能的讨论强调的是花样繁多的预测技术，而这些技术有着愈发艰涩模糊的名称和标签：分类、聚类、回归、决策树、贝叶斯估计、神经网络、拓扑数据分析、深度学习、强化学习、深度强化学习等。对有志于将人工智能应用于解决具体预测问题的技术人员而言，这些技术都非常重要。

本书会替各位读者略过这些方法背后的数学细节。我们强调的是，这里的每一种方法都与预测有关：用你已有的信息生成你尚未掌握的信息。我们的重点是帮助你找出预测会在哪些环境下体现出价值，以及怎样尽量多地从预测中受益。

预测更廉价，意味着预测会变得更多。这是简单的经济学：某件事情的成本下降，我们就会更多地做这件事。例如，20世纪60年代，运算成本开始迅速下降，我们就在需要的地方使用了更多的运算，比如人口普查局、国防部和美国国家航空航天局（电影《隐藏人物》中曾出现过）。更有趣的是，后来，我们还开始在非传统运算问题的地方运用全新的廉价运算，例如摄影。我们过去用化学方法来解决摄影问题，但当运算变得足够廉价后，我们便改用基于运算的解决方法：数码相机。一张数码照片不过是能通过算法变成可观看图像的一连串0和1的组合而已。

预测也一样。预测被应用于传统事务，例如存货管理和需求预测。更为重要的是，由于预测变得廉价，它也逐渐被用来解决一些非传统预测领域的问题。集合人工智能（Integrate. ai）公司的凯瑟琳·豪（Kathryn Howe）把那种将传统问题重组为预测问题的能力称为"人工智能洞见（AI Insight）"。时至今日，全世界的工程师都在学习这种能力。自动驾驶汽车已经在受控的环境下存在了20多年。然而，它们只能在有着详细平面图的场所活动，比如工厂、仓库等。有了平面图意味着工程师可以设计机器人按基本的"如果-那么（if-then）"逻辑来运行：如果有人在车辆前面行走，那么就停下；如果货架是空的，那么就转向下一排。但这些车辆永远无法进入普通的城市街道。普通大街上会发生的事情太多了，不可能一一对应地编写成"如果-那么"的代码。

自动驾驶车辆无法在高度可预测、可控制的环境之外运行，直到工程师们重新从预测的角度对问题做了框定。工程师们意识到，不必告诉机器在每一种场合下要做什么，只要把焦点放在一个预测问题上即可——"人类会怎么做"，依靠足够廉价的预测，我们把驾驶变成了预测问题。如今，企业投入数十亿美元训练机器在非受控环境下，甚至在城市的街道和高速公路上自动驾驶。

试想一下一个人工智能机器人和人类驾驶员一起坐在汽车里的情景。人类驾驶员开车行驶过数百万英里，他通过眼睛和耳朵接收环境数据，用大脑处理这些数据，再根据传入的数据采取相应的行动：直行或转弯，刹车或加速。工程师们给人工智能安装了各种传感器（如摄像机、雷达、激光定位器等），让它有了自己的眼睛和耳朵。所以，人类驾驶员开车的时候，人工智能观测传入的数据，同时观察人的行为。当特定的环境数据传入时，人类驾驶员会右转、刹车，还是加速？人工智能对人类驾驶员观察得越多，就能越好地预测驾驶员在接收到特定环境数据时将要采取的具体行动。通过预测人类驾驶员在特定路况下怎么做，人工智能学会了驾驶。

关键在于，当预测等生产资料变得廉价时，另一些东西的价值会随之提高。经济学家称之为"互补品"。一如咖啡成本的下降会提高糖和奶油的价值，对自动驾驶汽车而言，预测成本的下降会提高捕捉车辆周边数据的传感器的价值。这里举一个例子说明这些互补品的价值：2017年，英特尔拿出150多亿美元收购以色列初创公司Mobileye。这主要是为了得到后者的数据采集技术，该技术可让车辆有效地"看到"物体（停车标志、行人等）和标识（车道线、道路）。

一旦预测变得廉价，就会出现更多的预测，更多的预测互补品。这两种简单的经济力量推动了预测机器创造的新机遇。从初级层面看，预测机器可以代替人完成预测任务，节省成本。随着预测机器开始运转，预测有可能发生变化，并提高决策的质量。但等到了某个时间点，预测机器变得十分精确且可靠，以至足以改变组织运作的方式。换句话说，一些人工智能对企业的经济效益产生了巨大的影响，它们不光可以提高策略执行过程中的生产力，还将改变策略本身。

从廉价到战略

企业高管们最常问我们的一个问题便是："人工智能对企业战略有怎样的影响？"以下是我们用来回答这个问题所做的思想实验。大多数人都熟悉怎样在亚马逊网站上购物。跟大部分在线零售商一样，你访问网站，选购商品，将商品放进"购物车"里，付款，接着亚马逊把商品寄给你。目前，亚马逊的商业模式是先购物再发货。

在购物过程中，亚马逊的人工智能预测你想要买什么，然后提供相应的推荐。考虑到眼下亚马逊有数百万种商品在售，人工智能的工作算是合理。但它远远不够完美。就我们自己而言，对我们想要购买的东西，人工智能能准确预测5%。换句话说，它每推荐20种商品，我们实际上会购买一件。这样的成绩还不赖嘛！

设想一下，亚马逊的人工智能收集了我们更多的信息，并使用这些数据来改进它的预测。照我们的想法，这种改进就像是调高扬声器的音量旋钮。只不过，它们调高的不是音量，而是人工智能预测的准确性。

它们转动旋钮到了某个点，人工智能预测的准确度跨越了某个临界值，以至于改变了亚马逊的商业模式。这种预测准确到，直接把它预测你想要购买的商品寄送给你（甚至不用等到你下订单）。这样能让亚马逊赚更多钱！

有了它，你再也不需要到其他零售商那里去了，而且商品还没买就寄送到手，这有可能促使你购买更多其他的东西。亚马逊能从你的钱包里捞到更多钱。很显然，这对亚马逊来说很棒，但对你来说同样很棒。倘若一切进展顺利，亚马逊还没等你选购就把商品送上了门，让你免于购物之苦。预测的旋钮调得足够高，使亚马逊的商业模式从"先买后寄"变成了"先寄后买"。

当然，退回所有自己不想要的东西，这样的麻烦事消费者可不愿承担。因此，亚马逊将投资产品退换方面的基础设施，比如一支负责配送的车队，每周做一轮巡检，轻松地回收顾客不想要的东西。①

如果这是一种更好的商业模式，为什么亚马逊还没有这么做呢？因为如果现

① 亚马逊已经在着手解决潜在的安全隐患。2017年，它推出了Amazon Key，这套系统允许配送人员打开你家的大门，将包裹放在室内，监控摄像头将录制其间的一切情况，确保一切顺利进行。

在执行它，收集和处理退货商品的成本将远远超出从顾客那里多赚到的钱。比方说，如今我们要退掉寄来的95%的商品。这对我们来说会很烦人，对亚马逊来说也代价高昂。这样的预测，对亚马逊而言还不够好。

我们不难想到，亚马逊会在这项技术精确到能够为其带来利润之前，就抢先采用这一战略，因为亚马逊已预见，只要预测精确到一定程度，它必会带来利润。早人一步推行，亚马逊的人工智能将更快地获得更多数据，进而更迅速地改进。亚马逊意识到，开始得越早，竞争对手就越难赶上。好的预测会吸引更多的购物者，更多的购物者会产生更多的数据来训练人工智能，更多的数据会带来更好的预测，如此周而复始，实现良性循环。太早采用新战略可能代价高昂，但出手太晚，对公司而言恐怕是致命的。[①]

我们的观点不是亚马逊会这样做或者应该这么做，虽说我们也有个消息想告诉心存疑虑的读者们：早在2013年，亚马逊就在美国拿到了一项"预测性购物"的专利。我们主要想指出，上调预测旋钮对战略很明显有着重大影响。从这个例子来看，它将亚马逊的商业模式从先买后寄变成了先寄后买，激发了将产品退货服务（包括组建卡车车队）垂直整合到运营当中的动力，使得投资时机更为紧迫。所有这一切，完全是因为预测机器的旋钮上调了。

这对战略来说意味着什么呢？首先，针对你所在的行业和你对人工智能的应用，预测机器的旋钮上调的速度有多快，程度有多高，你必须进行投资，以收集相关方面的情报。其次，你还需要对旋钮上调后带来的战略选择进行投资，以发展出一套相关理论。

为开展这一"科幻小说式"的练习，请闭上眼睛，想象一下把自己的手指放

---

① 有趣的是，一些初创公司已经在这么考虑了。Stitch Fix公司使用机器学习来预测客户想要什么样的衣服，并邮递包裹给他们。客户不想要的话，就把衣服退还给公司。2017年，Stitch Fix基于这一模式成功进行了首次公开募股——这或许是第一家高举"人工智能优先"大旗成功上市的初创公司。

到预测机器的旋钮上，默念电影《摇滚万万岁》（*This is Spinal Tap*）里那句不朽的台词：把它转到11。[1]

本书计划

预测机器对你所在的组织有什么样的战略意义？在这一切豁然开朗之前，你必须先打好基础。而这就是我们这本书的结构，从地基开始打造一座金字塔。

我们在第一部分打基础，解释机器学习如何使预测变得更好。接着，我们将解释为什么这些新的进步，与你在学校里学过的统计学以及你的分析师所做的统计工作不一样。然而，我们要考虑预测的一项关键互补品，即数据，尤其是做出准确预测所需要的那种数据，以及怎样判断自己是否拥有此类数据。最后，我们深入探索预测机器的表现在哪些方面会变得比人类更优秀，而哪些方面机器和人一同工作可能会获得更准确的预测。

在第二部分，我们把预测的角色阐述为决策的输入端，并解释了另一要素——判断的重要性。人工智能界迄今为止尚未给予这一要素足够的重视。预测通过减少不确定性使人们做出决策更加便利，而判断的作用则在于分配价值。用经济学家的话来说，判断是一种用来确定损益（payoff）[2]、效用、回报或利润的技能。预测机器最重要的影响是它提高了判断的价值。

第三部分着眼于实际问题。人工智能工具让预测机器变得有用，同时它也是

---

[1] 按照电影里的表现，吉他手自豪地向同伴们展示了一台放大器，音量旋钮上的记号是0到11，而不是通常的从0到10。这里指：本质上相同的东西，随着数量的累积，从量变进入了质变。——译注

[2] payoff在博弈论中常被译作"支付"或"收益"，但该词本身就有正负两义，故此译为"损益"较合适。——译注

预测机器执行特定任务的实现手段。我们概述了三个步骤，帮助读者们了解什么时候开发（或购买）人工智能工具获得的投资回报最高。有时候，这些工具能完美地跟现有工作流程相结合；另一些时候，它们促进了对工作流程的重新设计。在这个过程中，我们会引入一种重要的辅助手段，以明确某个人工智能工具的关键特征。这一辅助手段便是人工智能画布。

我们在第四部分转向战略。正如我们在亚马逊思想实验中所介绍，有一些人工智能将对任务的经济特性产生深远影响，以至能够彻底改变相关的企业或行业。等到了那个时候，人工智能就将成为一个组织的战略基石。一旦人工智能对战略产生影响，关注人工智能的人就会从产品经理和维运工程师变成豪华办公室里的企业高层。有时候，人们很难提前判断一种工具能否产生如此强大的效果。比方说，人们第一次使用谷歌的搜索工具时，几乎没有人预料到，它竟然彻底改变了媒体行业，并且成为这个全球最有价值的公司的业务基础。

除了这些正面的机遇，人工智能也会带来系统性风险，除非你抢先行动，否则，它会冲击你的业务。大众最近的讨论似乎着眼于人工智能对人性的危胁，而人工智能对组织造成的危害，人们给予的关注就少得多。比方说，一些在人类生成的数据的基础上训练的预测机器已经"学会"了危险的偏见和刻板印象。

我们将在本书结束的第五部分拿出经济学家的工具包，探索对社会影响更为宽泛的若干问题，考查五个最常见的人工智能议题：

1. 未来还存在工作岗位吗？当然。

2. 这会造成更多的不平等吗？有可能。

3. 少数大公司会控制一切吗？要看情况。

4. 各国是否会采用逐底竞争的方式制定政策，放弃人们的隐私和安全，好让本国企业获得竞争优势？有些国家的确会这么做。

5. 世界末日会到来吗？不管它什么时候来，各位读者都还有足够时间从本书获益。

本章要点　　　　　　　　　　　　　　　　*Prediction Machines*

※ 经济学为廉价预测的商业意义提供了清晰的观点。预测机器将被用来完成传统的预测任务（库存和需求预测），以及解决新的问题（如导航和翻译）。预测成本的下降将影响其他东西的价值：提高互补品（数据、判断和行动）的价值，降低替代品（人类预测）的价值。

※ 组织可以采用人工智能工具来协助执行当前战略，通过这种方式应用预测机器。当这些工具越来越强大之后，它们就可能促进战略本身的转变。比方说，如果亚马逊可以预测购物者想买什么，就有可能从如今的先买后寄模式变为先寄后买模式——顾客订购前就把商品送到家。这一转变也将让组织发生天翻地覆的变化。

※ 当各种机构致力于利用人工智能时，这些新战略带来的结果是，我们将面临一系列与人工智能对社会的重大影响相关的新权衡。我们的选择将取决于人的需求和偏好，在不同的国家和文化中，这些选择定然有所不同。我们将本书分为五部分，以反映人工智能在五个不同层面上的影响，从预测的基础一路上升至社会的权衡：（1）预测，（2）决策，（3）工具，（4）战略，（5）社会。

第一部分

预　测

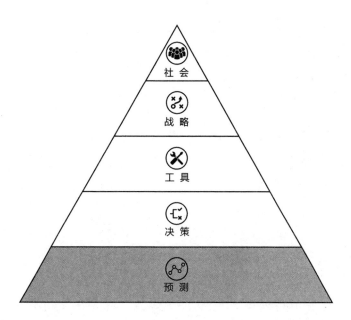

社　会

战　略

工　具

决　策

预　测

第 **3** 章

预测机器的魔力

哈利·波特、白雪公主和麦克白这三个人物有什么共同点吗？他们都被预言或者预测所驱动。就连《黑客帝国》这部看似讲智能机器的电影里，人类对预测的信念也是剧情的推力。不管是宗教还是童话，有关未来的知识都会产生重大结果。预测影响行为。预测影响决策。

古希腊人敬奉的许多神谕宣示所都有着了不起的预言能力。有时候，这些预言中的谜语会捉弄提问人。举个例子，吕底亚国王克罗伊斯打算冒险攻打波斯帝国。国王不信任何特定的神谕，于是决定在寻求攻打波斯的建议之前逐一检验这些神谕。他向每一座神谕宣示所派去了使者。在第100天，信使们被派去询问克罗伊斯此刻正在做什么。来自德尔斐的神谕最为准确，于是国王请它降示有关攻打波斯的预言，并对此深信不疑。①

---

① 为提醒读者们注意到谨慎阐释预测的重要性，我们需要指出：德尔斐的神谕是，如果国王发动攻击，一个大的帝国将被毁灭。于是，国王大胆地攻打了波斯，可令他震惊的是，被毁灭的竟是他自己的吕底亚帝国。从技术上说，预言说得没错，只是遭到了误读。

跟克罗伊斯的例子一样，预测可以是关于当下的。我们预测当前的信用卡交易是合法还是欺诈，医学影像中的肿瘤是恶性还是良性，以及出现在苹果手机摄像头里的是不是它的主人。尽管"预测"的拉丁语词源"praedicere"的意思是"事先知道"，但我们对预测的文化解读强调的是看到本来看不见的信息，不管这信息是来自过去、现在还是未来。水晶球也许是人们最熟悉的魔法预言的象征了。我们常把水晶球跟"算命师预测某人将来的财运或爱情"联系起来，但在《绿野仙踪》里，水晶球让多萝西看到了当下的爱姆婶婶。这给我们带来了预测的定义：

预测是填补缺失信息的过程。

预测将运用你现在掌握的信息（通常称为"数据"），

来生成你尚未掌握的信息。

预测的魔力

几年前，阿维（本书作者之一）注意到自己的信用卡在拉斯维加斯赌场产生了一笔大得异乎寻常的交易。他本人并不在拉斯维加斯。他只去过那儿一次，而且是很久以前；赌博注定要输，以他的经济学家世界观而言，这毫无吸引力。他跟信用卡服务商展开了漫长而艰难的拉锯式对话，终于，服务商取消了交易，给他换了卡。

最近，又出现了一次类似的情形。有人用阿维的信用卡买了东西。但这一次，阿维没有在对账单里看到这笔交易，也没大费口舌地跟礼貌但立场坚定的客户代表解释。相反，他接到了服务商事后主动打来的电话，对方说他的卡遭到盗用，新卡片已经在寄来的路上了。

信用卡服务商根据阿维的消费习惯和其他大量数据准确地推断出涉事交易属于欺诈。信用卡公司很有信心，调查期间甚至没有冻结他的信用卡。而且，就像变戏法一样，他用不着做任何事，公司就为他发放了替换的卡。当然，信用卡服务商并没有水晶球。它拥有的是数据和良好的预测模型——一台预测机器。万事达信用卡公司的企业风险和安全部门总裁阿杰伊·巴拉（Ajay Bhalla）表示，更好的预测可以减少盗刷，"解决消费者遭到误拒的重大痛点"。

商业应用场景完全符合我们对预测的定义，即填补缺失信息的过程。信用卡网络发现，（要判断盗刷）了解前一笔信用卡交易是否盗刷是很有用的。信用卡网络运用过去盗刷（和非盗刷）交易的信息来预测最近一笔交易是不是盗刷。如果的确是盗刷，那么，信用卡服务商可以冻结该卡之后的交易，如果预测来得足够及时，甚至当前这一笔交易也可以冻结。

这一概念（将一种信息转化为另一种信息）是人工智能近期取得的一大进步——翻译的核心。翻译语音是遍布于所有人类文明的一个目标，连流传了数千年的巴别塔故事里也有它的身影。从古至今，要实现自动化翻译语言就得雇用一位语言学家（精通语言规则的专家）来解析规则，并将其转换成可编程的形式。比方说一条西班牙短语，除了逐字替换，你还需要理解如何调整名词和形容词的顺序，这样才能让它成为能被读懂的英文句子。

然而，人工智能的最新进展使我们可以把翻译问题转换为预测问题。我们可以从谷歌翻译质量的突飞猛进中看到预测应用于翻译领域后体现出的神奇特质。欧内斯特·海明威的《乞力马扎罗的雪》（*The Snows of Kilimanjaro*）一文的开头十分优美：

乞力马扎罗是一座海拔19 710英尺、常年积雪的高山，据说它是非洲最高的一座山。（Kilimanjaro is a snow-covered mountain 19,710 feet high，and is said to be the highest mountain in Africa.）

2016年11月的一天，东京大学计算机科学系教授历本纯一（Jun Rekimoto）通过谷歌把海明威这篇经典小说的日文版翻译成英文，内容如下：

乞力马扎罗是19 710英尺山被雪覆盖的，据说是非洲最高山。（Kilimanjaro is 19,710 feet of the mountain covered with snow，and it is said that the highest mountain in Africa.）

第二天，谷歌的译文变成了：

乞力马扎罗是一座19 710英尺的山，常年积雪，据说是非洲最高的山。（Kilimanjaro is a mountain of 19,710 feet covered with snow and is said to be the highest mountain in Africa.）

差异很明显。一夜之间，谷歌的译文就从一看就知道是机器翻译的笨拙文本，变成了一句连贯的话，如同一个人前一天还只能拿着字典磕磕巴巴地讲话，第二天就能流利地运用两种语言了。

诚然，谷歌的译文并未达到海明威的高度，但进步也很了不起。巴别塔仿佛重新建起来了。而且，这一改变不是出于偶然或者碰运气。谷歌利用我们这里重点介绍的人工智能的最新进步，更新了自家翻译产品背后的引擎。具体而言，谷歌的翻译服务现在依靠深度学习来提高预测效率。

把英语翻译成日语，其实就是要预测日语里哪些词汇和短语与英语相匹配。有待预测的缺失信息是，日语单词的集合及其正确的顺序。从一门外语获取数据，然后按照你熟悉的语言中的正确顺序来预测单词的集合，这样你就能够理解另一门语言了。要是整个过程做得足够好，你兴许根本就意识不到这是翻译过来的话。

企业马不停蹄地将这一神奇的技术付诸商业用途。例如，中国已有五亿多人使用科大讯飞开发的深度学习服务，使用自然语言进行翻译、转录和交流。房东用它跟使用其他语言的租客沟通，医院的患者用它跟机器人沟通以寻求指示，医生用它指导患者服药，司机用它跟其他车辆联络。人工智能被用得越多，收集的数据也越多，学习得越多，它的效果也就越好。有了如此多的用户，人工智能将突飞猛进。

预测比过去好了多少

谷歌翻译的变化说明了机器学习（深度学习是其子领域）怎样显著降低了质量调整的预测成本。从运算能力的角度来看，谷歌现在可以用相同的成本提供更高质量的翻译。生成相同质量的预测所需的成本大幅下降。

预测技术的创新正对传统的预测领域产生影响，比如盗刷检测。信用卡盗刷检测已经得到了很大改善，在用户注意到问题之前，信用卡公司就检测并解决盗刷了。不过，这种改善仍然是渐进式的。20世纪90年代后期，当时最先进的方法能抓住大约80%的盗刷交易。[1]这一比值在2000年提高到了90%~95%，如今提高到了98%~99.9%。最后一步跨越来自机器学习，从98%到99.9%的变化意味着天翻地覆的转变。

从98%到99.9%的变化看似渐进，但如果犯错代价高昂，哪怕是小小的变化也有重要意义。准确率从85%提高到90%，意味着失误率降低了1/3。从98%提高到99.9%，意味着失误率降到了从前的1/20。20倍的改进似乎已经不算是渐进式的了。

---

[1]　请注意，这些比较并不完全对等，因为它们使用的是不同的训练数据。不过，人们对准确率的宽泛看法是站得住脚的。

　　预测成本的下降让人类的许多活动发生了巨大的变化。正如人们将第一批运算首先应用于解决普查表、弹道表等熟悉的数学问题上，在机器学习带来的廉价预测上，其第一批应用中有不少被用来解决经典的预测问题。除了盗刷检测，还包括信用评级、健康保险和库存管理。信用评级涉及预测某人偿还贷款的可能性。健康保险涉及预测某人会花多少钱在医疗保健上。库存管理涉及预测仓库在某一天存有多少物品。

　　最近，一类全新的预测问题浮出水面。在智能机器技术取得最新的进展前，许多事几乎不可能做到，包括物体识别、翻译和药物研发。例如，ImageNet挑战赛是一项高度曝光的年度赛事，比赛内容是让机器预测图像中物体的名称。哪怕是人类，预测图像中的物体也并非易事。ImageNet的数据包含了1000个类别的物体，其中包括各种狗及其他外形相似的图像。有时候很难辨别藏獒与伯恩山犬，或保险柜与密码锁之间的区别，哪怕是人类，犯错的概率也在5%左右。

　　从2010年赛事举办的第一年到2017年的最后一场竞赛，预测以极快的速度进步。图3-1显示了每年比赛获胜者的准确率。纵轴衡量的是错误率，因此数值越

图3-1

图像分类的错误率随时间的变化

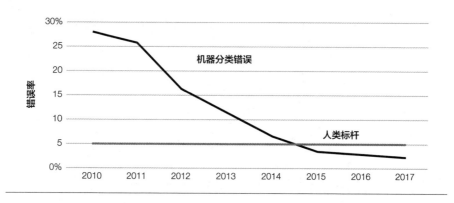

低的表现越好。2010年，最出色的预测机器也会有28%的犯错率。2012年，参赛者首次使用了深度学习，错误率降至16%。如普林斯顿大学的教授兼计算机学家奥尔加·鲁萨科夫斯基（Olga Russakovsky）所言："2012年实际上是准确率实现重大突破的一年，但它同时也对已经出现数十年的深度学习模型的概念做了证明。"算法继续迅速改进。到2015年，一支参赛队伍首次超越了人类。到2017年，38支队伍里的绝大多数表现都比人类好了，而且最优秀的队伍犯错率还不到人类的一半。机器能够比人类更好地识别这类图像了。

廉价预测带来的结果

目前这一代人工智能与科幻小说里的智能机器相去甚远。预测并没有带给我们《2001太空漫游》里的哈尔、《终结者》里的天网或是《星球大战》里的C-3PO。如果现代人工智能仅仅是预测，为什么人们还这么大惊小怪呢？原因在于，预测是一项十分基本的生产资料。你兴许并未意识到，但预测是无所不在的。我们的商业活动和个人生活里充满了预测。我们的预测往往化身为决策的输入条件。更好的预测意味着更好的信息，更好的信息意味着更好的决策。

用谍报活动的层面来表达，预测即情报[①]，即"得到有用的信息"。机器预测就是人工生成有用信息。智能（情报）很重要，我们用信用卡盗刷的例子说明更好的预测会带来更好的结果。随着预测成本的不断下降，我们发现它对更大范围的额外活动大有用处。在这个过程中，它使各种各样从前难以想象的事情成为可能，比如机器翻译。

---

① 情报一词原文为intelligence，也有"智能"的意思，这里是一语双关。——译注

本章要点

※ 预测是填补缺失信息的过程。预测将运用你现在掌握的信息（通常称为"数据"），生成你尚未掌握的信息。除了生成关于未来的信息，预测还可以生成关于现在和过去的信息。比如，将信用卡交易归为盗刷，将医学影像中的肿瘤分类为恶性，或是判断握着苹果手机的人是不是机主，这些都是预测的用武之地。

※ 预测准确度的小幅提高带来的影响，可能具有迷惑性。例如，准确度从 85% 提高到 90%，其幅度乍看起来是从 98% 提高到 99.9% 的两倍（前者提高了五个百分点，后者只提高了两个百分点不到）。然而，前者意味着错误率从 15% 降到了 10%（降到了从前的 2/3），后者意味着错误率从 2% 降到了 0.1%（降到了从前的 1/20）。在某些情况下，错误率降到了从前的 1/20 意味着发生了天翻地覆的变化。

※ 填补缺失信息，表面上看起来是一个平淡无奇的过程，却让预测机器变得神奇起来。这在机器视觉（物体识别）、导航（无人驾驶）和翻译领域已经得到实现。

第 **4** 章

为什么叫它智能

1956年，一群学者在新罕布什尔州达特茅斯学院会面，开辟了一条人工智能研究的路径。他们想看看能不能为计算机编写程序，使之参与认知思维，做玩游戏、证明数学定理一类的事。他们还仔细思考了计算机能使用什么样的语言和知识来描述事物。他们的努力包括给计算机不同选项，让它们选出其中的最优者。研究人员对人工智能的可能性持乐观态度。他们向洛克菲勒基金会募资时这样写道：

我们将致力于探索，怎样让机器使用语言，组织抽象的表达和概念，解决如今只有人类才能解决的各种问题，并自我改进。我们认为，一群精心挑选出来的科学家于某个夏天聚在一起携手合作，便可以在一个或多个上述问题上取得可观进展。

事实证明，这一议程与其说切实可行，不如说是对未来的展望。毕竟，20世纪50年代的计算机速度还不够快，无法实现学者们的设想。

在最初的研究声明发表之后，人工智能在翻译方面表现出了初步进展，但进展速度很慢。适用于特定环境（例如，有人尝试设计人造治疗师）的人工智能成果无法推而广之。20世纪80年代早期，工程师们希望通过精心编程设计的专家系统来复制医学诊断等高技能，他们虽然取得了一些进展，但此类系统的开发费用极高，而且用起来十分烦琐，无法应对各种各样的例外和可能，因此，人们便进入了所谓的"人工智能寒冬"。

然而，冬天似乎已经结束了。更多的数据、更好的模型和更强大的计算机促成了机器学习最近的发展，改善了预测。大数据收集和存储的进步为新的机器学习算法提供了素材。相较从前的统计学，新的机器学习借力于与之更适配的处理器，明显变得更加灵活，能生成更好的预测——好到有人忍不住把计算机科学的这一分支称作"人工智能"。

预测客户流失

更好的数据、模型和计算机是预测取得进步的核心。为了理解它们的价值，让我们来思考一个古已有之的预测问题：预测营销人员口里的"客户流失"。对许多企业来说，获取客户是代价很高的一件事，故此，客户流失带来的损失很大。一旦获得了客户，企业就会通过减少流失率来充分利用获取成本。在保险、金融、电信等服务行业，控制客户流失大概也是最重要的营销活动。减少客户流失的第一步是识别有着流失风险的客户。公司可以使用预测技术来做到这一点。

历史上，预测客户流失的核心方法是一种被称为"回归"的统计技术。有一些研究聚焦于改进回归技术。研究人员在学术期刊和实践中提出并检验了数百种不同的回归方法。

　　回归是做什么的？它根据过去发生事件的平均值来寻找一种预测。举例来说，如果你手里只有上周每天的天气情况，但要判断明天会不会下雨，那么，你最好有一个平均值。如果过去七天里有两天下了雨，你兴许会猜测，明天下雨的概率大约是2/7或者29%。过去，我们对预测的大部分知识都来自构建的模型，这些模型可纳入关于环境的更多数据，更好地算出平均值。

　　我们的做法是使用所谓的"条件均值"。比如，如果你住在加利福尼亚州北部，你大概已经知道，下不下雨取决于季节：夏天的可能性低，冬天的可能性高。如果你观察到此地冬天里任何一天降雨的概率是25%，夏天是5%，那么，你不会以为明天下雨的概率是两者的平均值，即15%。为什么呢？因为你知道明天属于冬季还是夏季，故此，你会根据条件来做出评估。

　　根据季节调整预测只是我们根据条件对平均值进行调整的方法之一（不过，这是最受零售业欢迎的一种方法）。我们可以根据当天的时间、污染情况、云量、海洋温度或任何其他可用信息来计算平均值。

　　我们甚至有可能要同时根据多个条件进行调整：如果今天下了雨，今天属于冬季，西边200英里外在下雨，南边100英里外是晴天，地面很湿，北冰洋气温很低，风正从西南方吹过来，风速是每小时15英里——那么，明天会下雨吗？这样的运算很快就会变得难以处理。光是计算这七类信息的平均值，就会带来128种不同的组合。添加更多类型的信息，组合数量也会随之呈指数倍增加。

　　在机器学习之前，多元回归提供了一种处理多种条件的有效方法，而且无须计算数十、数百或数千种不同条件下的平均值。回归将运用数据，并尝试找到那个将预测失误最小化、"拟合优度"最大化的结果。

　　谢天谢地，这个术语在数学上比在词句上表达得更精确。回归将预测的平均失误控制到了最低限度，对待大失误比对待小失误更加严厉。这是一种强大的方法，尤其是当数据集相对较小，同时它能很好地感知什么因素对数据有用的时候。例如，有线电视订阅用户的流失有可能取决于人们看电视的频率；如果他们不再看电视了，他们很可能就会停止订阅有线电视服务。

除此之外，回归模型渴望产生无偏差的结果，所以，要是预测得足够多，这些预测就平均概率而言是完全正确的。虽然我们喜欢无偏差的预测多过有偏差的预测（比如系统性地高估或低估一个值），但无偏差的预测也并非完美。我们可以用一个古老的统计学笑话来说明这一点：

一位物理学家、一位工程师和一位统计学家外出狩猎。他们走进森林，发现空地上有一头鹿。

物理学家计算了目标的距离、子弹的速度和落点，调整，开火——结果，他朝左打偏了5英尺，错过了目标。

工程师一脸沮丧。"你忘记算上风了。我来试试。"他舔了舔手指，判断了风速和方向，一把夺过步枪并开了火——结果，他朝右打偏了5英尺，再次错过了目标。

突然，一枪未开的统计学家欢呼道："噢耶！我们打中了！"

准确无比的平均值可能在实际中每次都出错。回归有可能一直导致要么左偏几英尺，要么右偏几英尺。它意味着，就算取平均值后得出了正解，实际也可能一次都没打中。

与回归不同，机器学习的预测可能平均起来是错误的，但当预测失误的时候，它并不会失误太多。按统计学家的说法，允许偏差，以求减少方差。[1]

机器学习和回归分析之间一个重要的区别是新技术的开发方式。发明一种新的机器学习方法时还需证明它在实践中能运作得更好。相反，发明一种新的回归方法，首先要证明它在理论上是有效的。强调实践效果，给了机器学习创新者更

---

[1]　以牺牲平均数的准确，来换取单次预测的准确。——译注

多的实验空间，哪怕他们的方法生成的估计结果平均来看不正确或存在偏差。在这种自由实验的推动下，机器学习借助过去十年的丰富数据和高速计算机实现了快速的进步。

从20世纪90年代末期到21世纪初期，那些利用机器学习预测顾客流失的实验仅取得了有限的成功。虽然机器学习的方法有了稳定的进步，但回归的方法依然表现得更好。数据仍然不够丰富，计算机的速度也不够快，无法使其利用机器学习可以做到的事情。

例如，2004年，杜克大学的天睿中心（Teradata Center）举办了预测客户流失的数据科学比赛。当时，这样的比赛很不寻常。任何人都可以提交作品，一旦获奖，即可获得现金奖励。获奖作品使用的是回归模型。一些机器学习的方法表现很好，但日后推动人工智能革命的神经网络方法却表现不佳。到2016年，一切都改变了。使用机器学习和（神经网络）深度学习来预测流失的模型整体比其他所有方法表现得都好。

是什么发生了改变呢？首先，数据和计算机终于足够好，让机器学习占了上风。20世纪90年代，建立足够大的数据库很难。比方说，一套经典的流失预测研究只使用了650个客户的数据，不到30个变量。

到2004年，计算机的处理和存储都有了进步。在杜克竞赛中，用来训练的数据集包含了数万客户的数百个变量的信息。有了这么多的变量和客户，机器学习方法逐渐能跟回归一较高下了。

如今，研究人员根据数千个变量和数百万客户展开流失预测。计算能力的提高意味着可以处理大量的数据，除了数字，还包括文本和图像。例如，在移动电话流失模型中，研究人员除了使用标准变量（如账单额度大小和支付准时性）之外，还调用了通话记录数据（以小时为单位）。

利用可用数据，机器学习方法也变得更好了。在杜克大学的比赛中，成功的关键因素是，如何从数百个可用变量中进行选择，以及选择使用哪一种统计模型。当时最好的方法，不管是机器学习还是经典的回归，都通过结合直觉与统计检定来选择变量和模型。现在，机器学习方法（尤其是深度学习方法）允许模型具备灵活性，这意味着变量彼此之间可以按照意想不到的方式相结合。在开始计费的月初就积累了大量通话时间、高额电话账单的人比到月末才累积大量通话时间的人流失的可能性更低。此外，周末异地通话、付费时间迟，还爱发大量短信的人尤其容易流失。这样的结合难以预料，但对预测有极大的帮助。由于难以预料，建模人员在使用标准的回归模型进行预测时无法将这些结合后的信息包含在内。机器学习把哪一些结合与交汇事关重要的选择权交给了机器，而不是程序员。

机器学习（具体而言也是深度学习）方法的改进，意味着可以有效地将可用数据转化为对客户流失的准确预测。现在，机器学习方法明显优于回归和其他各种技术。

超越客户流失

除了客户流失领域，机器学习还改善了大量其他环境下（从金融市场到天气）的预测。

2008年的金融危机是回归式预测方法的惊人失败。对担保债务凭证（collateralized debt obligation，简称CDO）违约率的预测部分地推动了金融危机。2007年，标准普尔评级机构预测，AAA级CDO五年内无法履约的概率不到1/800。五年后，1/4以上的CDO未能履约。哪怕有着丰富的历史违约数据，最初的预测仍然错得离谱。

失败的原因不是数据不足，而是分析师怎样使用这些数据来生成预测。评级机构的预测是基于多个回归模型，这些模型假定不同市场的房价相互之间无关联。事实证明，这样的假设是错的，不仅2007年是这样，从前也一样。一旦将多个住房市场同时遭到冲击的可能性包含进去，你在CDO上亏损的可能性也会一路升高——哪怕你的房产分布在美国多个城市。

分析师们根据自己认为重要的假设（以及它们为什么重要）来构建回归模型——这些看法对机器学习来说都没有存在的必要。机器学习模型尤其擅长确定哪些可能的变量效果最好，识别出哪些（出人意料的）事情重要，哪些事情不重要。如今，分析师的直觉和假设没那么重要了。通过这种方式，机器学习可以根据无法预知的相关要素进行预测，包括拉斯维加斯、菲尼克斯和迈阿密的房价可能会同时出现涨落。

如果仅仅是预测，为什么叫它"智能"

机器学习的最新进展让我们利用统计学进行预测的方式发生了彻底的转变。把人工智能和机器学习的最新发展视为"传统统计学的加强版"是很诱人的想法。如果最终的目标是生成预测以填补缺失的信息，它们从某种意义上说的确如此。除此之外，机器学习的过程还涉及寻找一种最小化失误的解决方案。

那么，是什么令机器学习成为一种配得上"人工智能"这一标签的变革型计算技术呢？在某些情况下，预测的效果好到我们可以直接运用它，而不需要应用基于规则的逻辑。

有效的预测改变了计算机编程的方式。传统的统计方法和"如果-那么"语句的算法都无法很好地在复杂环境下运行。想识别一组照片中的一只猫？猫有各种各样的颜色和纹理。它们可能是站着、坐着、躺着、跳跃，或看起来一脸不悦。它们可能在室内，也可能在室外。情况很快变得复杂起来，无法限定条件。因此，哪怕仅仅想达到看得过去的识别效果，也需要大量谨慎的考量。这还仅仅是识别一只猫，如果我们想要用一种方法来描述照片中的所有物体呢？我们需要为每一物体单独加以限定。

支撑近年来进步的技术基石叫作"深度学习"，它依靠一种"反向传播"的方法。它采用与大脑极为类似的方式，通过例子来学习（而能否用人工神经元模拟真实神经元不过是这项有用技术的有趣旁枝），避免了各种限定条件带来的麻烦。如果你想让孩子知道哪个单词对应着"猫"，那么，每当你看见一只猫，你就说出这个单词。机器学习基本上也一样。你给它馈进大量带有"猫"标签的猫照片，以及大量没有猫也不带"猫"标签的照片，机器就会学习怎样识别与"猫"这一标签相关的像素图案。

如果你有一系列猫和狗的照片，猫和四足物体之间的关联会强化，但与狗的关联也会强化。无须详细说明，只要你馈进数百万张有着不同图案和标签的照片（包括画面里没有狗的照片），机器都会发展出诸多联想，并学会区分猫和狗。

许多问题已经从算法问题（"猫有什么特点？"）转变成了预测问题（"这一缺失了标签的图像是否跟我从前见过的猫有着相同特点？"）。机器学习使用概率模型来解决问题。

那么，为什么很多技术人员将机器学习称为"人工智能"呢？因为机器学习的输出（即预测）是智能的一个关键组成部分，预测的准确性会随着学习而改进，而较高的准确性能让机器执行现今与人类智能相关的任务（如物体识别）。

杰夫·霍金斯（Jeff Hawkins）在《人工智能的未来》（On Intelligence）一书中率先提出预测是人类智慧的基础。这一理论的实质是，作为创造力和生产力增长的核心，人类的智慧是靠大脑使用记忆进行预测来实现的："我们在各个感官之间，进行连续的低级别预测，但这还不是全部。我想提出的是一个更有力的命题，预测不仅仅是大脑在做的某一件事情，它是大脑皮层的主要功能，也是智能的基础。皮层是预测的器官。"

霍金斯认为，我们的大脑不断地预测我们即将体验到的事情——我们会看到什么，感受到什么，听到什么。随着我们的成长和成熟，大脑的预测越来越准确，预测往往会变成真的。然而，要是预测未能准确地昭示未来，我们会注意到异常，并将这一信息反馈到大脑，让大脑更新算法，进行学习，对模型做更进一步的优化。

霍金斯的研究存在争议。他的观点在心理学界引发了争论，他强调皮层是预测机器的模型，许多计算机科学家对此断然否定。最严格意义上的"人工智能通过图灵测试"的概念（一台机器能骗过人，让人相信机器其实是人类）仍然离现实很远。目前的人工智能算法还不能进行推理，人们也很难理解人工智能预测的来源。

无论他的基础模型是否合适，霍金斯将预测视为智能的基础，这对理解人工智能近年来的变化带来的冲击很有用处。这里，我们强调的是预测技术的巨大进步带来的结果。1956年，达特茅斯会议上学者们提出的许多愿望如今马上就要实现了。通过各种方式，预测机器能够"使用语言，组织抽象的表达和概念，解决如今（1955年）只有人类才能解决的各种问题，并自我改进"了。

我们并不想贸然揣测这一进步是否预示着通用人工智能、"奇点"或天网的降临。不过，如你所见，即便只是聚焦于预测，未来几年仍能出现了不起的变化。一如计算机促成的廉价运算有力地带来了商业和个人生活的巨大变化，廉价预测也将带来同样深远的转变。

总而言之，不管它是不是智能，计算机从确定性编程到概率性编程的进步都是一项重要的阶梯函数式的转变（尽管它跟社会科学和物理科学取得的进步是一致的）。哲学家伊恩·哈金（Ian Hacking）在《驯服偶然》（*The Taming of Chance*）一书中说，19世纪之前，概率属于赌徒的行当。但到了19世纪，政府人口普查数据的兴起将新兴的概率数学应用到了社会科学。20世纪，我们对物理世界的理解出现了根本性的重组，从牛顿式世界观的确定性转向量子力学的不确定性。也许，21世纪计算机科学最重要的进步与社会科学和物理科学过去的进步是互相呼应的，即人们意识到，以数据为基础、从概率意义上建立起结构的算法效果最好。

 本章要点　　　　　　　　　　　　　　　*Prediction Machines*

　　※ 机器学习这一科学跟统计学的目标不同。统计学强调的是平均值的正确性，机器学习却对此并无要求，相反，它的目标是操作的有效性。预测可能会出现偏差，但只要够好就行（在运算力强大的计算机中可以实现）。这使得科学家们可以利用过去十年的丰富数据和高速计算机自由地进行尝试，以快速推动改进。

　　※ 传统的统计方法需要阐述假设，或至少阐述人对模型规范的直觉。机器学习不仅不需要事先指定进入模型的内容，还能够适应更加复杂、有着更多互动变量的模型。

　　※ 机器学习的最新进步通常被称为人工智能的进步，因为：（1）以这一技术为基础的系统会随着时间的推移不断学习和改进；（2）这些系统在某些条件下可产生比其他方法产生的更准确的预测，一些专家认为预测是智能的核心；（3）这些系统提高了预测的准确性后，它们便能够执行从前被认为专属于人类智能领域的任务，如翻译和导航。对预测和智能之间的联系，我们仍然持不可知的态度。预测的进步是否代表了智能的进步，我们对这一问题并无特定立场，我们的结论也不依赖于这样的立场。我们关注的是预测成本下降（而非智能成本下降）带来的结果。

第 5 章

数据就是新一代的石油

2013年，谷歌的首席经济学家哈尔·瓦里安（Hal Varian）开导可口可乐公司的罗伯特·戈伊苏埃塔（Robert Goizueta）说："10亿小时之前，现代智人出现了。10亿分钟之前，基督教诞生了。10亿秒钟前，IBM的个人电脑上市了。10亿次谷歌搜索之前……是今天早上。"谷歌并不是唯一一家拥有海量数据的公司。从Facebook、微软等大型公司到地方政府甚至初创公司，数据收集都变得比以往更廉价、更容易了。这些数据具有价值。数十亿的搜索量意味着，谷歌有了数十亿条可供改善服务的数据线索。有些人把数据称为"新一代的石油"。

预测机器依赖数据。越来越好的数据带来越来越好的预测。从经济角度来说，数据是预测的关键互补品。随着预测变得愈发廉价，它的价值水涨船高。

数据在人工智能中扮演着三种角色。首先是输入数据，它被馈进算法，用于生成预测。其次是训练数据，它被用来生成最初的算法。训练数据用于训练人工智能，让后者得以在现实环境下进行良好的预测。最后一种是反馈数据，通过经验来改进算法的表现。在某些情况下，这三种角色存在大量重合，同一批数据甚至能身兼三职。

但获取数据的成本可能很高。因此，投资时有必要权衡的是以下两者：更多数据带来的好处与获取更多数据所付出的成本。为了做出正确的数据投资决策，你必须理解预测机器是怎样使用数据的。

预测需要数据

在新近的人工智能热潮兴起之前，有过一轮大数据热。过去20年，数据的种类、数量和质量均有大幅提升。图像和文本如今都是数字形式了，机器可以对其进行分析。传感器无处不在。大数据热的基础是，人们希望数据能够帮助减少不确定性，以及对正在发生的事情拥有更多了解。

以检测人类心率变化的传感器的进步为例。多家有着"医学味"十足名字的公司和非营利组织（比如AliveCor[①]和Cardiio[②]）都在开发使用心率数据的产品。初创公司Cardiogram[③]设计了一款苹果手机应用程序，使用苹果手表的心率数据生成了大量信息：使用该款程序，用户可按秒测量心率。用户可以查看一天当中，自己的心率什么时候会达到巅峰，又或者一年内（甚至十年内），心率是否有所加快或放缓。

但这些产品的潜在力量来自大量数据与预测机器的结合。学术界和工业

[①] 2011年成立的一家医疗设备和人工智能的公司，向消费者销售移动设备端的硬件和软件，提供心电图实时检测等功能。——译注

[②] Cardiio可通过前置摄像头检测使用者的心率。——译注

[③] 其开发的软件通过可穿戴设备和智能手机收集的睡眠和运动数据预测用户的健康状况。——译注

界的研究人员都指出，智能手机可以预测不规则的心律（医学上叫作"心房颤动"）。因此，依靠各自的预测机器，Cardiogram、AliveCor、Cardiio和其他公司正在开发利用心率数据辅助诊断心脏疾病的功能。一般的方法是，使用心率数据预测如下未知信息：特定用户是否心律异常。

没受过医学专业训练的消费者从原始数据里是看不到心率数据与心律异常之间的关联的。而Cardiogram可以运用深层神经网络探测到心律异常，准确率高达97%。大约有1/4的中风是心律异常导致的。有了更好的预测，医生便可提供更好的治疗。某些特定药物可用来预防中风。

为此，每个消费者必须提供自己的心率数据。没有个人数据，机器无法预估当事人的风险。预测机器与个人数据相结合便可预测此人心律异常的概率。

机器怎样从数据中学习

当前这一代的人工智能技术被称为"机器学习"是有原因的。机器从数据中学习。就心率监测仪而言，根据心率数据预测心律异常（以及中风概率提高的可能性），预测机器要先学习数据跟心律异常的实际发病率有着怎样的相关性。为此，预测机器需要将来自苹果手表的输入数据（统计学家称之为"自变量"）与心律异常信息（"因变量"）结合起来。

要让预测机器学习，心律异常信息必须来自同一个向苹果手表提供心率数据的群体。因此，预测机器需要多个心律异常者的数据，以及他们的心率数据。重要的是，它还需要许多心律无异常人士的数据，及其心率数据。接着，预测机器比较心律正常者和异常者的心率图。有了这样的比较，就可以进行预测。如果新患者的心率图与心律异常者提供的"训练"样本更为接近，那么，机器就会预测这一患者有着心律异常的问题。

像不少医疗应用一样，Cardiogram与学术研究人员进行了合作，后者通过在研究中监测6000名用户的心率收集到了数据。在6000名用户里，约有两百人被确诊患有心律不齐。故此，Cardiogram所做的就是收集来自苹果手表的心率图数据并与研究数据进行对比。

此类产品在上市之后仍会继续改进预测的准确度。预测机器需要有关预测是否准确的反馈数据。因此，它需要用户中心律异常的发病率的数据。该机器将这些数据与心脏检测的输入数据相结合，生成反馈，并不断提高预测的准确度。

不过，获取训练数据也可能是件很棘手的事情。为了预测同一组项目（如本例中的心脏病患者），你除了需要目标结果的信息（心律异常），还需要有助于在新条件下预测该结果的信息（心率监控）。

若要预测未来事件，就更具有挑战性了。你只能把想要预测之时已知的信息馈进预测机器。比方说，假设你正想购买明年自己最心爱运动队的季票。在多伦多，大多数人会购买多伦多枫叶冰球队的季票。你显然希望自己去观看比赛的时候，球队获胜，而不是输掉。你认为，球队至少要能赢半数以上的比赛，购买季票才划算。为了做出这个决定，你需要预测球队获胜的次数。

就冰球而言，进球最多的球队获胜。所以，你认为进球多的球队能赢，进球少的球队往往会输。你决定为预测机器提供过往赛季的数据，包括每支球队的进球数，每支球队对手的进球数，以及每支球队的获胜次数。你将这些数据提供给预测机器，发现这的确是预测获胜次数的绝佳指标。于是，你打算使用这些信息来预测明年球队的获胜次数。

很可惜，你做不到。你一筹莫展，你没有明年球队进球数的信息，所以，你没法用这些数据来预测球队的获胜次数。你确实拥有去年的进球数据，但它没用，因为你的训练模式是让预测机器从当前年份的数据中进行学习的。

为了做出这一预测，你需要掌握做出预测那一刻手头将会拥有的数据。你也可以使用前一年的进球数来重新训练预测机器，让它预测今年的胜算。你还可以使用其他信息，比如前一年的获胜次数，球员的年龄，他们在冰上的过往表现。

　　许多商业人工智能应用程序都具有这种结构：将输入数据和结果指标结合起来创建预测机器，接着使用来自新情况的输入数据来预测该情况下的结果。如果你能获得实际结果的数据，那么你的预测机器就能通过反馈不断学习。

关于数据的决策

　　数据的获取成本往往很高，但没有它预测机器便无法运行。预测机器需要数据来创造、运行和改进。

　　因此，你必须对所需数据的规模和范围做出决定。你需要多少不同类型的数据？为对机器进行训练，你需要多少种不同的对象？需要多长时间收集一次数据？类型多，对象多，频率高，意味着成本更高，但也可能带来更高的收益。斟酌这一决定时，你必须仔细判断你想要预测的是什么。特定的预测问题能告诉你到底需要些什么。

　　Cardiogram想要预测的是中风。它使用心律异常（这是经过医学验证的）作为指标。[①]一旦设定了这个预测目标，它需要的就无非是每个使用这款应用程序的人的心率数据。它或许还可以使用睡眠、身体活动、家庭病史和年龄等相关信息。提出一些问题来收集年龄和其他信息之后，它只需要一台能够准确地测量心率的设备。

　　Cardiogram还需要训练数据：它的训练数据涵盖了6000人，其中一小部分人心律异常。尽管有各式各样的传感器以及关于用户的具体信息可供使用，但

---

① 我们不知道Cardiogram这款软件能否成功。但我们可以肯定，智能手机和其他传感器将进一步应用到医学诊断上。

Cardiogram只需要收集大多数用户的极少量信息。它只需要得到用户心律异常的信息就可以训练自家的人工智能。这样一来，变量的数量就相对少了。

为了做出好的预测，机器的训练数据必须涵盖足够多的用户（或分析单位）。所需用户的数量取决于两个因素：首先，"信号"相较"噪声"有多可靠；其次，预测的准确度必须达到多高才具备可用性。换句话说，所需用户的数量取决于我们是否期望心率能准确地预测心律异常，以及一旦出错，代价有多大。如果心率是一个强预测指标，而且出了错也没什么大不了的，那么我们只需要几个人就够了。如果心率是一个弱预测指标，又或者，每一次错误都有可能把用户置于危险境地，那么，我们就需要成千甚至数百万的用户数。Cardiogram在初步研究中使用了6000人的数据，其中有200人心律异常。随着时间的推移，它通过软件用户是否出现心律异常的反馈来进一步收集数据。

这6000人从哪里来？考虑到对预测的可靠性和准确性的要求，数据科学家有绝佳的工具可评估所需数据量。这些工具叫作"功效计算"（power calculations），它们能告诉你需要分析多少个单元才能生成有用的预测。[①]需要加以管理的要点是，你必须有所权衡：更准确的预测需要更多的单元以供研究，而且更多的单元有可能代价不菲。

Cardiogram需要高频率的数据收集。它的技术以苹果手表逐秒收集的心率数据为基础。它需要这么高的频率，因为心率在一天当中不同时间会有所不同，而且正确的测量需要反复评估，以判断所测得心率是不是所研究用户的真实值。为发挥作用，Cardiogram的算法运用的是可穿戴设备提供的稳定测量流，而不是患者只能在医生诊室里进行测量得到的那一个结果。

收集这些数据需要一笔昂贵的投资。患者必须随时佩戴着一个设备，因此它

---

① 对这类研究而言，6000是个相对较小的数据单位。主要是出于这个原因，研究被列为"初级"。这一数据足以支持Cardiogram最开始的目的，因为它是一项初级研究，意在进行概念验证。它不会危及生命。要让结果适用于临床，恐怕还需要多得多的数据。

会介入患者的日常行为（尤其是对那些没有苹果手表的人来说）。因为它事关健康数据，存在隐私问题，因此Cardiogram设计的系统改善了隐私功能，但代价是提高了开发成本，降低了机器根据反馈改进预测的能力。它通过应用程序来收集预测中使用的数据；数据本身始终在手表上。

接下来，我们将讨论，在对待需要收集多少数据的问题上，统计思维和经济思维有怎样的区别。（我们会在第四部分讨论策略时思考隐私相关的问题。）

规模经济

数据的增多改进了预测。但你需要多少数据呢？信息增加（不管是单位数量更多、变量类型更多还是频率更高）带来的，对于现有数据量来说，既可能是利益的增加，也有可能是利益的减少。用经济学家的话来说，数据既可能增加规模报酬，也可能减少规模报酬。

从纯粹的统计学角度来看，数据的规模报酬是递减的。你从第三次观察中所得的有用信息比第一百次要多，而你从第一百次观察中所得的有用信息又比第一百万次要多。当你将观察结果加入训练数据的时候，它对改进预测的帮助越来越小。

每一次观察都是一段有助于预测的额外数据片段。就Cardiogram而言，一次观察就是所记录的每两次心跳之间相隔的时间。我们说数据收益递减时，意思是前100次心跳可以让你很好地了解该用户是否心律异常，每一次额外的心跳在改进预测方面都不如前一次重要。

以你去机场要花多长时间为例。如果你从未去过机场，那么，第一次能带来很多有用的信息。第二次和第三次也能让你对"去机场通常要多久"有个准确的认识。可到了第100次，你对去机场要花多长时间就不太可能获得更多的信息了。

从这个角度来说，数据的规模报酬是递减的：你获得的数据越多，每一段额外的数据片段的价值就越低。

从经济的角度来看情况可能并非如此，其着眼点不在于数据如何改进预测，而在于数据如何提高你从预测中所获得的价值。有时候，预测和结果是同步的，因此，统计学上观察到的报酬递减暗含了你所在意的那些结果的报酬递减。然而，这两者不是一回事。

举个例子，消费者可以选择使用你的产品，也可以选择使用你竞争对手的产品。如果你的产品始终跟对手的产品一样好甚至更好，他们就只用你的产品。可很多时候，只要有现成可用的数据，所有的竞争者都能表现得一样好。例如，大多数搜索引擎对常见搜索都可提供类似的结果。不管你使用的是谷歌还是必应，搜索"贾斯汀·比伯"所得的结果都差不多。如果能为非常见的搜索提供更好的结果，这种能力越强，搜索引擎的价值就越高。试试在谷歌和必应里输入"破坏（disruption）"一词。在撰写本书期间，谷歌既显示了字典里的定义，也显示了与克莱·M. 克里斯坦森（Clay Christensen）"颠覆性创新（disruption innovation）"的概念相关的结果。必应的前九个结果均只给出了字典里的定义。谷歌搜索结果更好的一个关键原因在于，要弄清此类非常见搜索中搜索者的需求就要有这类搜索的相关数据。不管是进行非常见搜索还是常见搜索，大多数人都会使用谷歌。就算搜索引擎只比对手好一点，也可能在市场份额和收入上造成巨大差异。

因此，尽管从技术角度而言，数据的规模报酬是递减的（第十亿次搜索对搜索引擎的改进不如第一次大），但站在业务角度讲，如果你比竞争对手拥有更多更好的数据，数据就是最有价值的东西。有人甚至认为，拥有越多与独一无二的因素相关的数据，就越能在市场上获得不成比例的回报。[①]增加数据能在市场上带

___

① 谷歌认为，必应已经大到足以收获其搜索规模带来的好处了。

来不成比例的回报。因此，从经济的角度来看，此种情况下的数据有可能带来规模报酬递增。

 本章要点

※ 预测机器利用3种类型的数据：（1）训练数据，用于训练人工智能；（2）输入数据，用于预测；（3）反馈数据，用于提高预测的准确度。

※ 收集数据很昂贵，这是一笔投资。其成本取决于你需要多少数据，以及收集程序对用户日常行为的介入程度如何。平衡好获取数据的成本与提高预测的准确度能收获的好处，这一点非常重要。要确定最佳方法，需要估算每类数据的投资回报率：需要多高的成本才能获得这些数据，以及相关预测的准确度提高后将带来多大的价值。

※ 统计学上和经济学上的原因决定了拥有更多数据能否产生更高的价值。从统计角度来看，数据的收益递减。每增加一个数据单元对预测起到的改善作用，都比前一个数据单元要小；第十次观测比第一千次观测对预测的提升要大得多。从经济的角度来看，两者的关系并不明确。往大量现有数据库存里增加更多数据或许比往小库存里加入更多数据的效果更好；比方说，加入额外的数据能让预测机器的表现跨越阈值，从没法用变成可以用，或是从低于监管预测机器性能的阈值变得高于这一阈值，从比对手表现差变得比对手表现好，那么这种增加就物有所值。因此，一个组织需要理解增加更多数据、提高预测的准确性、提高创造的价值这三者之间的关系。

第 **6** 章

新的劳动分工

　　每一次你更改电子文档，你的改动都是可以记录下来的。这对我们大多数人来说，无非是一种跟踪修订的有用方式，但对罗恩·格洛兹曼（Ron Glozman）来说，这是个利用人工智能根据数据来预测修订的机会。2015年，格洛兹曼成立了一家名为齐塞尔（Chisel）的初创公司，该公司的第一个产品就是利用法律文件来预测哪些信息属于保密范畴。这一产品对律师事务所很有价值，因为碰到有必要披露的文件时，律师必须涂黑或修改保密信息。过去，修改工作由人来完成，也就是让人阅读文件，然后涂黑保密信息。格洛兹曼的产品有望节省他们的时间和精力。

　　机器修订有用，但不够完善。有时，机器会错误地修改本应披露的信息。还有时候，它没有选中该保密的内容。为了达到法律标准，人类必须给予帮助。在测试阶段，齐塞尔公司的机器会提供哪些部分要修改的建议，人类拒绝或接受机器的建议。从实际效果来看，人和机器的合作节省了大量时间，而且达到了比仅靠人类修订更低的错误率。这种人机分工的模式能发挥作用，是因为它既克服了人类在速度和注意力方面的缺陷，也克服了机器在阐释文本方面的缺陷。

人类和机器都有缺点。不知道这些缺点分别是什么，我们就无法评估机器和人类应该怎样合作来生成预测。为什么呢？因为这个设想可以追溯到亚当·斯密（Adam Smith）在18世纪提出的有关劳动分工的经济思想，即根据相对优势来分配任务。这里的劳动分工指的是生成预测领域的人类和机器的分工。要理解这一劳动分工，我们不妨先来看看预测的哪些方面由人类完成效果最好，又有哪些方面由机器完成效果最好。这就能让我们明确各自的任务。

人类在哪些地方预测能力较差

有一项古老的心理学实验是，给受试者看随机序列的X和O，请他们预测下一个出现的字母是什么。例如，他们可能会看到：

OXXOXOXOXOXXOOXXOXOXXXOXX

对于这样的一个序列，大多数人会意识到，X的数量比O多一些——如果你数过的话，你会发现60%是X，40%是O，所以，他们多数时候会猜X，但偶尔也说几次O，以保持该平衡。然而，要是你想使预测正确的概率最大，你应该始终选择X。这样的话，你的正确率会是60%。如果你按四六开的比例随机选择（大多数参与者会这么做），你预测正确的概率仅有52%，只比你丝毫不考虑X和O的出现频率而随便乱猜（此时准确率是50%）好一点点。①

---

① 60%的时候你选择X，你有60%的概率是对的；40%的时候你选择O，只有40%的概率正确。平均而言，这就是$0.6^2 + 0.4^2 = 0.52$。

　　这些实验告诉我们，哪怕在评估概率时表现得不算太差，人类仍然是蹩脚的统计员。没有哪台预测机器会犯下这样的错误。不过也可能是人类没有认真地对待这些任务，因为他们兴许感觉这是在玩游戏。可要是后果影响重大，绝非儿戏，他们还会犯类似的错误吗？

　　心理学家丹尼尔·卡尼曼（Daniel Kahneman）和阿莫斯·特韦尔斯基（Amos Tversky）在许多实验中做了示范：确实还会。他们请人们考虑如下情况：有两家医院，一家每天接生45个孩子，另一家每天接生15个孩子，请问一天中接生的孩子有60%或以上是男孩的情况，更容易出现在哪家医院？给出正确答案的人很少——是规模小的那家医院。之所以是小医院，是因为活动（本例中是孩子的出生）重复的次数越多，每一天的结果就越趋近平均值（本例中为50%）。为了理解这是怎么回事，想象你在投掷硬币。如果你只投掷5次硬币，那么，你有更大的可能碰到次次都是人头的情况，而投掷50次的话，这种情况出现的概率就很低了。故此，小医院接生的孩子少，所以更有可能出现偏离平均值的较为极端的结果。

　　关于此类启发法[①]和偏差，已经有好几本书做过专门论述。许多人认为，根据合理的统计原则进行预测是很棘手的，正因为如此，必须让专家介入。遗憾的是，专家在做决策时，对待统计数据有可能遇到同样的偏差和困难。这些偏差折磨着医学、法律、体育和商业等多个领域。特韦尔斯基和哈佛医学院的研究人员向医生们展示了治疗肺癌的两种方法：放疗或手术。从五年存活率[②]来看，手术更有优势。在介绍手术（比放疗的风险大）的短期存活率信息时，研究人员设计了两种方式，并分别拿给两组参与者看。一组人听到的是，"首月存活率是90%"，此时，84%的医生选择手术；另一组人听到的是，"首月死亡率是10%"，此时，选择手术的医生降到了50%。两种措辞方式说的是同一种情况，

[①]　指依据有限的知识（或"不完整的信息"）在短时间内找到问题解决方案的一种方式。——译注

[②]　用来计算特定疾病的预后情况，通常是从确诊开始进行计算。——译注

但研究人员对信息的框定方式，给人们的决定带去了巨大的变化。一台机器则不会出现这样的结果。

卡尼曼还指出了专家面对复杂信息时无法很好地进行预测的其他许多情况。资深放射科医生在评估X光片时有1/5的概率前后矛盾。审计师、病理学家、心理学家和管理人员也都表现出类似的不一致。卡尼曼得出结论，如果有一种预测方法是依靠公式而不是人来进行判断的，那也应该认真对待该公式。

专家的预测结果很糟糕，这是迈克尔·刘易斯（Michael Lewis）在《点球成金》（Moneyball）一书中想要表达的中心思想。奥克兰运动家棒球队碰到了一个问题：队里最优秀的3名球员离开之后，球队没有足够的资金招募替补球员。领队比利·比恩（在同名电影中由布拉德·皮特扮演）采用了比尔·詹姆斯开发的一套统计系统来预测球员的成绩。依靠这套"棒球统计学"系统，比恩和分析师拒绝了球探的建议，而选择按数据组建队伍。尽管预算有限，但奥克兰运动家棒球队在2002年的世界大赛里一路领先对手。新方法的核心是把从前认为重要的指标（如盗垒数和打击率）转到其他指标（如上垒率和长打率）上。这一举动也避免了球探靠偶尔的灵机一动来挑选球员的常规做法。比如，电影里的一名球探会这么评价某个球员："他女朋友长得丑。找个长得丑的女朋友意味着他没有信心。"鉴于这种决策型的算法，以数据为驱动的预测常常在棒球领域超越人类也就不足为奇了。

奥克兰运动家队的新指标强调的是球员对整个球队成绩的贡献。新的预测机器使奥克兰运动家队能够挖掘出那些在传统评估体系中得分较低，但从对球队成绩贡献的角度看性价比更高的球员。没有预测，这些球员很可能遭到其他球队的低估。运动家队利用了这些偏差。[1]

最能清楚说明人类（哪怕是经验最丰富、能力最强的专家）在预测上遭遇困

_____

[1] 当然，《点球成金》以传统统计学为基础，这不足为奇，但现在球队希望用机器学习的方法来执行这一功能，并在此过程中收集更多的数据。

难的例子来自一项对美国法官保释决定的研究。美国每年要做出一千万个此类决定。某人能否得到保释对其家庭、工作和其他个人问题有着重大影响，与政府在监狱上的支出也有着极大的关系。法官不能光看被告人是否会被最终定罪，必须根据此人是否会逃跑、会不会再犯下其他罪行来做决定。决策标准清晰且合理。

研究使用了机器学习来开发一种算法，用于预测特定被告人在保释期间再次犯罪或逃跑的概率。培训机器的数据非常庞大：在2008年至2013年期间，纽约市有75万人拿到了保释。这些信息包括前科记录、被告人被指控的罪行，以及人口统计上的数据。

机器比人类法官做出了更好的预测。例如，被机器划分为极端危险的那1%的被告人中有62%的人会在保释期间犯罪。人类法官（这些人并未接触过机器预测）选择释放其中近一半的人。机器的预测相当准确，机器识别的高危犯人真的有63%在保释期间犯了罪，并且，下一次开庭时有一半以上的人并未出现。被机器识别为高危的被告人有5%在保释期间犯下了强奸罪或谋杀罪。[1]

这是怎么回事呢？为什么法官的评估与预测机器有这么大的不同？其中一种可能是，法官做判决时考虑进了算法用不到的信息，比如被告人出庭时的外表和举止。这些信息可能有用，也可能具有欺骗性。鉴于这些得到释放的被告人犯罪率很高，得出后一结论不算不合情理。法官的预测相当糟糕。该项研究提供了大量额外的证据来支持这一令人遗憾的结论。

由于可用于解释犯罪率的因素很多也很复杂，事实证明，人类在此情况下很难做出预测。在考虑不同指标之间复杂的相互作用时，预测机器比人类的表现好得多。出于这个原因，你可能以为，过往的犯罪记录可能意味着被告人有更大的潜逃风险，可机器说不定会发现，只有当被告人失业了一段时间后才是这样。换句话说，相互作用效应兴许最为重要，而随着此类相互作用的范围越来越大，人

---

[1] 研究还显示，算法有望弥合种族差异。

类做出准确预测的能力一路下降。

这些偏差不仅出现在医学、棒球和法律领域，更是专业工作里持续出现的特点。经济学家发现，管理人员和工人常常满怀信心地进行预测，但却丝毫未察觉自己预测得很糟糕。米切尔·霍夫曼（Mitchell Hoffman）、莉萨·卡恩（Lisa Kahn）和达尼埃尔·李（Danielle Li）对15家低技能服务公司的招聘事宜做了研究，发现公司使用客观、可核验的测试搭配常规面试来招聘时，招聘到的员工的在职时间会比只使用面试招聘的高出15%。对此类低技能工作岗位，管理人员招聘工人的要求就是在职时间尽量长。

测试本身的覆盖面很广，包括认知能力和岗位契合指标。此外，如果招聘经理的自由裁定权受到限制（以免经理罔顾不佳的考试分数直接招聘），应聘员工的在职时间会更长，辞职率也会下降。因此，哪怕被要求以招聘在职时间更长的员工为目的，哪怕招聘经验丰富，哪怕有人提供相当准确的机器预测结果，管理人员仍会做出糟糕的预测。

机器在哪些地方预测糟糕

前国防部长唐纳德·拉姆斯菲尔德（Donald Rumsfeld）曾经说过：

世上存在"已知的已知"，有些事，我们知道自己知道；我们也知道存在"已知的未知"，也就是说，有些事，我们现在知道自己不知道。但是也存在"未知的未知"，即有些事我们不知道我们不知道。放眼我国和其他自由国家的历史，最后一类事情，往往是最棘手的。

这为我们理解预测机器失效的条件提供了有用的框架。首先，"已知的已知"指的是我们拥有丰富的数据，我们知道自己能够做出良好的预测。第二，"已知的未知"指的是数据太少，我们知道预测会很困难。第三，"未知的未知"指的是过去的经验或当前数据未曾涵盖却仍可能出现的事情，所以，预测很困难，我们甚至都没意识到。还有一类情况，拉姆斯菲尔德未曾指出，那就是"未知的已知"，即过去看似强烈的某种联系其实是某个未知或未观测到的因素导致的结果，但这一因素会随着时间而改变，使那些我们以为自己能够做出的预测看起来并不可靠。基于统计学里这些广为人知的限制条件，预测机器确实会在上述难以预测的地方失效。

已知的已知

有了丰富的数据，机器预测可以良好运行。从提供好的预测的层面来说，机器对情况更了解。而且，我们知道这些预测很好。这是当代机器智能的甜蜜点①。盗刷判断、医疗诊断、挑选棒球选手和保释决定都属于这一类别。

已知的未知

哪怕是当今（以及不远的将来）最优秀的预测模型也需要大量的数据，这意味着，我们知道，在没有太多数据的情况下，预测会相对糟糕。我们知道自己不知道，这就是已知的未知。

没有太多数据，可能是因为事情发生得很少，所以预测很棘手。美国总统选举每4年举行一次，候选人和政治环境随时都在变化。预测几年后总统选举的结果几乎做不到。2016年的选举表明，就算只提前几天甚至在选举当天预测结果也很困难。大地震发生得也很少（谢天谢地），所以，迄今为止，要预测它什么时候发生，在哪里发生，规模有多大，都是说不准的。（没错，地震学家正着手

---

① 原指棒球的最佳击球点，此处引申为"最佳时机"。——译注

研究。）

　　与机器相反，人类有时非常擅长在数据极少的情况下进行预测。我们只看过一两次就能识别出一张脸，哪怕是从不同的角度看的。我们能在40年之后认出自己小学四年级时的同学，虽说他的外表已经有了无数的变化。从很小的年纪起，我们就能猜测球飞来的轨迹（尽管我们不见得能手脚协调到抓住它）。我们还擅长用类比来思考新的情况，能找到其他类似的条件，并迁移到新的环境下。比方说，数十年来，科学家们就把原子想象成微型太阳系，而且，许多学校至今都是这么教的。

　　尽管计算机科学家正努力减少机器的数据需求，开发此类"一次性学习"的技术（例如机器"见过"物体一次之后就学会预测），但当前的预测机器尚不足以胜任此类工作。[1]因为这些属于"已知的未知"，又因为人类面对"已知的未知"时更擅长做出决定，所以，管理机器的人需要知晓此类情况有可能出现，事先对机器编程，（在情况出现时）让机器寻求人类的帮助。

未知的未知

　　为了能够预测，得有人告诉机器什么才值得预测。如果某件事情从未发生过，机器就无法预测。（至少，不借助人类谨慎的判断所提供的有用类比，机器是无法使用其他信息进行预测的。）

　　纳西姆·尼古拉斯·塔勒布（Nassim Nicholas Taleb）在《黑天鹅》（*The Black Swan*）一书里强调了未知的未知。他强调，我们无法从旧数据中预测出真实的新事件。书名指的是欧洲人在澳大利亚发现的一种天鹅新品种。对18世纪的

---

① 虽然机器在这类情况下的表现越来越好，但概率定律意味着，样本小的时候，总是存在一定的不确定性。因此，如果数据不足，机器预测存在某种已知的不准确性。机器能够大致判断自己预测的准确性如何。一如我们在第八章所讨论的，这使得人类要做出判断，怎样基于不准确的预测来采取行动。

欧洲人来说，天鹅是白色的。抵达澳大利亚后，他们看到了一种全新的、不可预知的东西：黑天鹅。他们从未见过黑天鹅，因此没有任何信息能够预测这种天鹅的存在。[①]塔勒布认为，和黑天鹅的出现不同（它们的存在对欧洲或澳大利亚社会的发展走向没有太大有意义的影响），另一些未知的未知有着严重的后果。

例如，20世纪90年代是音乐产业的好时代。唱片销量增长，收益稳步提升。前途看似一片光明。接着，到了1999年，18岁的肖恩·范宁（Shawn Fanning）开发出Napster，有了这款程序，人们就能通过互联网免费分享音乐文件。很快，人们就下载了数百万此类文件，音乐行业的收入开始下降。整个产业至今都没能恢复元气。

范宁就是个"未知的未知"因素。机器无法预测他的出现。诚然，一如塔勒布和其他人所强调的，相比之下，人类在预测"未知的未知"方面同样糟糕。面对未知的未知，人类和机器都会失败。

未知的已知

预测机器最大的弱点或许在于，它们有时会怀着十足的信心给出错误的答案。我们上面说过，面对已知的未知，人类会理解预测的不准确性。人给出预测时信心不足，暗示了预测得不够准确。面对未知的未知，人类认为自己没有答案。与此相反，对于未知的已知，预测机器似乎会给出一个非常准确的答案，但它却可能错得离谱。

这是怎么发生的呢？因为，虽然数据能为决策提供信息，但数据也可能是从决策而来的。如果机器不理解生成数据的决策过程，那么，它的预测就有可能失败。举例来说，假设你有意预测自己是否会在组织里使用预测机器，你有了个不

---

① 在阿西莫夫的基地系列科幻小说里，预测变得非常强大，以至能预见银河帝国的毁灭，以及各种愈演愈烈的社会剧变（这是故事的重点）。不过，对故事线最为重要的是，这些预测无法预见"变异者"的崛起。预测无法预见意外事件。

错的开局。那么，阅读本书几乎可以充当一个很好的预测因素：你是一位将会使用预测机器的管理者。

为什么呢？至少有三个可能的原因。首先，也是最为直接的一点，本书中的观点将被证明是有效的，因此，阅读本书这一行为显然能帮助你了解预测机器，并将这些工具有效地引入自己的企业。

其次是所谓的"反向因果关系"。你阅读本书是因为你已经在使用预测机器了，或有明确的计划要在不远的将来这么做。这本书并未驱使你采用这项技术；相反，（有可能尚未开始的）技术采用促使你阅读了这本书。

最后一个原因是所谓的"遗漏变量"。你对技术趋势和管理都很感兴趣。于是，你决定读这本书。你也会在工作中使用预测机器等新技术。在这种情况下，你对技术和管理的潜在偏好不仅促使你阅读了本书，还会让你使用预测机器。

有时候，这种区别无关紧要。如果你只想知道阅读这本书的人是否会采用预测机器，那么，导致采用的原因不重要。如果你看到有人在阅读这本书，你便可以做出一个理性的预测：这样的人会在工作中采用预测机器。

有时候这种区别很重要。比如你正考虑将这本书推荐给朋友，那么，如果本书让你在预测机器方面成为更好的管理者，你便会这么做。你想要知道些什么呢？你会首先从"自己阅读了这本书"的事实入手。接着，你希望一窥未来，观察自己在管理人工智能方面做得怎么样。假设，你完美地看到了未来。你在管理预测机器方面取得了惊人的成功，它成为你所在机构的核心，你和机构取得了你之前想都不敢想的成功。此时，你会不会说是阅读这本书带来了成功呢？

不会。

为弄清读这本书是否发挥了作用，你还需要知道，如果你没读过这本书，事情会变成什么样。可这样的数据你没有。你需要观察经济学家和统计学家所称的"反事实条件"，也就是说，如果你采取不同的行动，会发生些什么。判断行动是否导致结果要求进行两种预测：第一，采取行动后会发生什么结果；第二，如果采取了不同的行动，会发生什么结果。但那是不可能的，你永远得不到未采取行动的数据。

这是机器预测经常出现的一个问题。在《深度思考》（*Deep Thinking*）一书中，国际象棋特级大师加里·卡斯帕罗夫（Garry Kasporov）用一种关于国际象棋的早期机器学习算法讨论了一个类似的问题：

20世纪80年代初，米基和几个同事写了一款实验性的基于数据的机器学习国际象棋程序，得到了一个有趣的结果。他们从特级大师的比赛里挑出数十万个棋局馈进机器里，希望它能够弄清楚哪些有效，哪些没有。起初，机器似乎挺管用。它对棋局的评估比传统程序更准确。等他们让它真正下一盘棋的时候，问题来了。程序布好了棋子，发动了一轮攻击，然后立刻牺牲了"后"！由于几乎无条件地弃了"后"，它才下几步就输了。它为什么要这样做呢？原来，特级大师们牺牲"后"的那一步棋差不多总是机智且具有决定性的一击。而对这款接受了一大堆特级大师棋局训练的机器来说，放弃"后"显然是成功的关键！

机器颠倒了因果顺序。特级大师只会在牺牲"后"并创造出一条通往胜利的捷径时才会这么做，如果机器不理解这一点，就会以为牺牲"后"很快就会出现胜利。故此，牺牲"后"看起来像是取胜的方式，只不过这是错的。虽然机器预测中的这个特定问题如今已经解决，但对预测机器来说，反向因果关系仍然是个挑战。

这个问题也经常出现在商业中。在许多行业里，低价格与低销售量是相关的。比如，在酒店行业，旅游旺季之外的价格很低，而需求最高且酒店已客满时，价格也很高。考虑到这样的数据，天真的预测新手或许会提出，提高价格能售出更多的房间。而人（至少是受过一定经济学训练的人）则明白，价格变化可能是需求高引起的——而不是相反，所以提价不太可能带动销量。接下来，这个人可以跟机器合作，以识别出正确的数据（如个人基于价格对酒店房型做出的选择）和恰当的模型（考虑到季节和其他供需因素），这样能更好地预测不同价格区间内的房间入住的情况。因此，对于机器来说，这是一个"未知的已知"，但理解价格由什么决定的人，只要能够对价格决策进行合理建模，便可将之视为已知的未知甚至已知的已知。

假若还存在其他人的策略性行为，未知的已知和因果推断问题就更为重要了。谷歌的搜索结果来自一种机密算法。该算法在很大程度上取决于那些能预测某人可能点击哪些链接的预测机器。对于网站管理员来说，更高的排名意味着更多的网站访客和更大的销量。大多数网站管理员注意到了这一点，且会针对搜索引擎进行优化：他们调整网站，努力提高它在谷歌搜索结果里的排名。这些调整大多是与算法的特质进行博弈，故此，随着时间的推移，搜索引擎里会充斥着垃圾，这些链接并非搜索者真正想要寻找的东西，而是网站管理人员利用算法缺陷所得的结果。

就预测人们点击的内容而言，预测机器短期内做得很好。但过了几周或几个月，足够多的网站管理员会找到方法来愚弄系统，使谷歌不得不大幅度地更改预测模型。正是因为预测机器有可能遭到愚弄，才会出现搜索引擎和垃圾信息发送者之间的这种往来角力。尽管谷歌试图创造出一种能让此类操纵无利可图的系统，但它也意识到，完全依赖预测机器是有弱点的，因此，此类垃圾信息出现时，它会借助人类的判断来重新对机器进行优化。Instagram也在不断地跟垃圾信息发送者展开博弈，定期更新算法，以过滤垃圾信息和引起不适的内容。①更普

---

① 在策略行动者面前使用预测机器所面临的挑战是一个历史悠久的难题。1976年，经济学家罗伯特·卢卡斯（Robert Lucas）就通货膨胀和其他经济指标的宏观经济政策进行分析时就提出了这一观点。如果人们在政策调整后改变自身行为，然后境况变得更好了，他们就会改变自己的行为。卢卡斯强调，虽说通货膨胀率高的时候就业率往往也高，可如果中央银行改变政策以提高通货膨胀率，人们就会预料到这一通货膨胀，前述的关系便不再成立了。故此，他认为，政策不光要考察过往数据，还要理解人类行为的潜在推动因素。这便是著名的"卢卡斯批判"。经济学家蒂姆·哈福德（Tim Harford）对此做了一番不同的描述：诺克斯堡从未遭到过抢劫，应该花多少钱来保护诺克斯堡？由于它从未遭到过抢劫，安保支出并未减少抢劫。预测机器或许会推荐分文不花。毕竟安保并未减少抢劫，那何必要花这个钱呢？

遍地说，一旦人类发现了这些问题，它们就不再是未知的已知。要么，人找到解决办法生成良好的预测，这样，问题会变成需要人和机器一同合作的"已知的已知"，要么，人无法找到解决办法，问题变成"已知的未知"。

机器预测的功能非常强大，但也有局限性。在数据有限的情况下，它表现不佳。受过良好训练的人可以识别出这些局限性（不管是罕见事件导致的还是因果推断的问题导致的），进而改进机器的预测。要做到这一点，这些人必须理解机器。

合作带来更好的预测

有时候，人类和机器的组合能对彼此的弱点进行互补，生成最好的预测。2016年，哈佛大学与麻省理工学院的人工智能研究团队赢得了Camelyon挑战赛①，这是一项依据活检组织切片来检测转移性乳腺癌的计算机竞赛。与人类病理学家96.6%的准确率相比，该团队设计的深度学习算法的正确率是92.5%。表面上看是人类赢了，但研究人员更进一步，将算法和病理学家的预测结合起来，结果实现了99.5%的准确率。也就是说，人类的错误率从3.4%降到了0.5%，减少了85%的错误率。

这是典型的劳动分工，只不过不是亚当·斯密描述的体力劳动分工。它是经济学家和计算机先驱查尔斯·巴比奇在19世纪首次描述的认知分工。"机械和心智过程中的劳动分工，使我们得以按数量需求准确地购买和应用相关技能与知识。"

---

① Camelyon挑战赛是诊断图像分析组织（DIAG）和荷兰拉德堡德大学医学中心病理研究所联合发起的病理切片机器诊断国际大赛。——译注

人和机器各自擅长不同方面的预测。判断癌症的时候，人类病理学家通常是对的。人类说有癌症然后发现弄错了，这是很少见的情况。反过来说，人工智能可以更准确地判断没有癌症的情况。人和机器犯的是不同类型的错误。辨识出这些不同的能力，人机结合便克服了这些弱点，因而能极大地降低错误率。

这种合作将怎样转化到商业环境呢？机器预测可以通过两种宽泛的途径来提高人类预测的生产力。首先，提供初步预测，而且人类可以用这些预测跟自己的评估相结合。其次，在事后提供第二种意见，发挥监控作用。这样，老板就可确保人类正在努力工作，而且将精力投入了预测。如果没有这种监控，人类兴许会不够努力。理论认为，只有当人类投入了额外的精力，确保自己有足够的信心，才能回答出为什么自己的预测跟客观算法有所不同，进而推翻机器的意见。

检验这种互动的绝妙场所是与贷款申请人的信誉度相关的预测。丹尼尔·帕拉维西尼（Daniel Paravisini）和安托瓦妮特·施科阿（Antoinette Schoar）引入了一种新的信贷评分体系，检验哥伦比亚一家银行对小企业贷款申请人的评估。计算机化的评分体系获取了申请人的各种信息，并将其汇总为一套风险预测指标。接着，由银行员工构成的贷款委员会使用该得分和他们自己的流程来批准、拒绝，或将贷款申请移转地区经理决定。

研究人员使用随机对照试验（而不是让管理层下达命令）来决定是在银行放贷之前还是之后引入申请人的信贷评分。因此，要科学地评估评分对放贷决定的影响，这就是个合适的地方。一组员工在开会讨论之前看到了申请人的信贷评分。这可以类比为与机器协作的第一种方式，即机器预测为人类的决定提供信息。另一组员工在初步评估之后才看到申请人的信贷评分。这可以类比为与机器协作的第二种方式，即让机器的预测来帮忙监督人类决策的质量。第一种和第二种方法的区别在于，信贷评分是否为人类决策者提供了信息。

在这两种情况下，评分都有帮助，但提前给出评分时，决策能得到最大的改善。此时，委员会做出了更好的决定，也更少向经理求助。这些预测提供了信息，使较低级别的管理人员获得更大的权力。在另一种情况下，委员会事后得到信贷评分，决策同样会得到改善。这是因为，预测帮助更高级别的管理人员对委员会做了监督。它激励了委员会保障决策质量。

为了生成更好的预测，人机协同预测的组合必须理解人类与机器各自的局限性。就贷款申请委员会一例而言，人类有可能做出带偏差的预测，又或者没有付出足够的努力。机器兴许会缺少重要信息。我们虽然经常在人类协作中强调团队合作和共同努力，但说不定不会把人机组合视为团队。人类想要让机器预测变得更好，或是机器想让人类预测变得更好，就必须理解人类与机器双方的弱点，并将双方结合起来克服这些缺陷。

例外预测

预测机器的一个主要优点是，它们可以按人类做不到的方式进行扩展。但它们还有一个缺点，那就是很难在异常情况下进行预测，因为异常条件缺乏足够的历史数据。两相结合意味着许多人机协作都将采取"例外预测"的形式。

我们已经讨论过，用预测机器处理较为常规、频繁发生的状况时，只要数据足够丰富，它就能够学习。此时，预测机器无须人类搭档给予过多关注就可运行。然而，一旦发生例外（即非常规情况），它就会通知人类，接着人类会付出更多的努力改进、校验预测。哥伦比亚银行贷款委员会就恰好属于这种"例外预测"的情况。

例外预测的设想来自管理术中的"例外管理"（management by exception）的概念。而在预测领域，从很多方面看，人类就是预测机器的主管。人类主管有许多困难的任务；为节约人类的时间，双方的工作关系是，只在真正需要的时候才调动人类的关注。这种不频繁的需要，意味着人能够轻易利用预测机器在常规预测上的优势。

例外预测是齐塞尔公司初代产品的运行模式中必不可少的一环。我们在本章开头介绍过该公司的第一款产品，它根据各种文件来确认、修改机密信息。很多法律情况都涉及文件的部分信息需要在加密或删除后才能向另一方披露或公开披露，这一流程本来十分烦琐。

齐塞尔的编改软件会依靠例外预测先把任务跑一遍，生成第一稿。[①]用户还可将编改软件的模式设为"严格"或"宽松"。在"严格"模式下，编改软件的加密标准比"宽松"模式更高。比方说，如果你担心泄露本应该保密的信息，你应该选择"严格"模式。但如果你担心披露太少，就应该选择"宽松"模式。齐塞尔的界面简单易用，人可以轻松地检查修改的部分，接受或拒绝。换句话说，每一项编改都只是建议，而非最终决定。最终的决定权仍然保留在人类手里。

齐塞尔公司的产品将人类与机器相结合，以克服各自的弱点。机器的工作速度比人类快，在编改文档时可采用一致的标准。而当机器没有足够的数据做出良好预测时，人类可进行干预。

 本章要点　　　　　　　　　　　　　　　　　　*Prediction Machines*

※ 人类（包括专业人士）在某些条件下会做出糟糕的预测。人类大多会过分看重突显的信息，对统计特点考虑不周。许多科学研究记录了各种职业中存在的

---

① 这种"第一稿"的劳动分工，可见于许多公司对预测机器的部署上。《华盛顿邮报》有一套内部用的人工智能，它于2016年发表了850篇报道，只不过每一篇文章在刊出前都要经过人工审核。全球第一家人工智能律师公司ROSS Intelligence也部署了类似的流程，解析上千份法律文书，将之转为简短的备忘录。

此类缺陷。电影《点球成金》里也出现过这一现象。

　　※ 就预测而言，机器和人类有着各自的优势和劣势。随着预测机器的改进，企业必须调整人与机器的劳动分工作来应对。在考虑不同指标之间复杂的相互作用时，预测机器比人类表面看来要好，尤其是在数据丰富的环境中。随着这种相互作用的范围不断扩大，相较机器而言，人类做出精确预测的能力随之减弱。然而，理解数据的生成过程可带来预测优势，且在数据较为单薄的时候，人类往往比机器表现更好。我们对预测环境做了分类（即已知的已知，已知的未知，未知的已知，未知的未知），它有助于我们理解人机之间的恰当分工。

　　※ 预测机器可进行规模化扩展。每次预测的单位成本随着应用频率的增加而下降。人类预测却无法按这种方式扩展。然而，人类拥有关于世界怎样运作的认知模型，故可根据少量数据进行预测。因此，照我们预计，人类的例外预测会出现增长，机器则生成大部分的常规预测。（因为机器主要是根据惯例中的常规数据做出的预测。）可一旦发生罕见事件，机器发现自己无法生成有把握的预测结果时，便可要求人类的协助。人类可提供例外预测。

第二部分

决　策

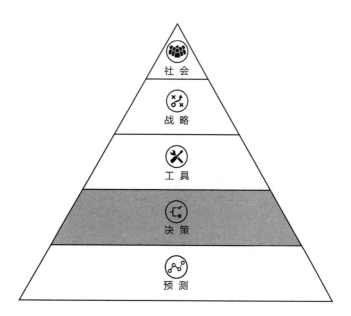

社　会

战　略

工　具

决　策

预　测

第 **7** 章

拆解决策

我们通常将决策与"重大决定"联系在一起：我应该买这套房子吗？我应该上这所学校吗？我应该跟这个人结婚吗？毫无疑问，这些改变生活的决定虽然少见，却非常重要。

但我们也随时随地在做着琐碎的决定：我应该继续坐在这把椅子上吗？我应该继续走这条街吗？我应该继续支付这个月度账单吗？此外，一如加拿大著名摇滚乐队Rush歌唱自由意志的妙语所言："如果你选择不做决定，你仍然做了选择。"我们会像依靠定速巡航那样处理许多小事，比如接受默认设定，选择把所有的注意力都放到更重大的决策上。但是，决定不做决定，这仍然是个决定。

在大多数职业当中，决策都处在核心位置。学校教师决定怎样教育有着不同个性和学习风格的学生。经理们决定为团队招募什么人，晋升什么人。看门人决定怎样应对意外事件，如煤气泄漏和安全隐患。卡车司机决定怎样应对道路封闭和交通事故。警察决定如何处理可疑人员和潜在的危险情况。医生决定使用何种药物，什么时候进行昂贵的化验。家长决定孩子该花多长时间在电子设备上。

　　像这样的决定大多发生在不确定的条件下。老师并不确定用这种教学方法还是那种教学方法能让某个孩子学得更好。经理并不确定求职者是否会表现良好。医生并不确定是否有必要进行昂贵的化验。他们每个人都必须预测。

　　但预测不是决定。做出决定需要对预测进行判断，接着采取行动。在机器智能近年来取得进展之前，只有学术界才对这种区别感兴趣，因为人类始终是把预测和判断放到一起进行的。而现在，机器预测的进步意味着我们必须对决定进行一番剖析。

决策剖析

　　预测机器在决策层面上会产生最直接的影响。但决策还有其他6个关键要素（见图7-1）。当某人（或事物）做出决定时，他们从世界上获取能生成预测的输入数据。不同类型的数据之间有什么关系，哪些数据与特定情况关系最为紧密，人接受过相关的训练，预测因此才是可行的。把预测与判断（什么最重要）结合起来，决策者就能选择行为了。行为导致结果（而结果与奖励或损益相关）。于是，这个结果，就成了决定带来的后果。该结果是呈现完整图景所必需的。它还可以提供反馈，帮忙改进下一次预测。

　　假设，你因为腿疼去看医生。医生开始诊断你，他做了X光检查，验了血，并询问了几个问题，得到了输入数据。利用这一输入，并根据多年来医学院所学和其他诸多相似患者的情况（这就是训练与反馈），医生做出了预测："你最有可能患的是肌肉痉挛，不过有很小的概率是血栓。"

　　伴随这一评估出现了判断。医生的判断会考虑其他数据（包括直觉和经

图7-1

任务剖析

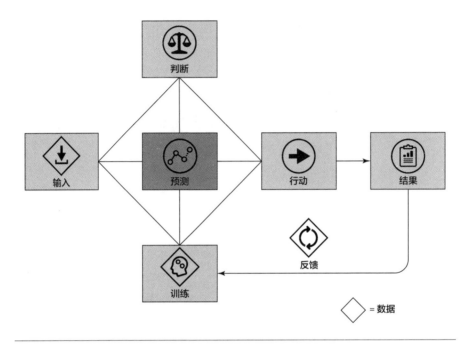

验）。如果是肌肉痉挛，那么休息就好。如果是血栓，那就要用一种没有长期副作用的药物来治疗，但它对许多人会造成轻微不适。如果医生错误地用治疗血栓的办法来治疗肌肉痉挛，那么，你短期内会感到不适。如果医生错误地用休息来治疗血栓，那么，你就可能出现严重的并发症，甚至可能死亡。做判断涉及确定与每一个可能的结果相关的相对损益，这就包括，与"正确"决定相关的回报，以及与错误决定相关的损失。（本例中，损益与痊愈、轻微不适、严重并发症相关。）确定所有可能结果的损益是做出以下决定的必要步骤：什么时候选择药物治疗（即选择让患者感到轻微不适和减少严重并发症的风险），什么时候选择休息。故此，将判断应用于预测，医生做出了决定（或许还参考了你的年龄和风险偏好）：你应该接受肌肉痉挛的治疗，尽管你有极小的概率得的是血栓。

最后是给予治疗、观察结果的行为：你腿上的疼痛消失了吗？出现其他并发症了吗？医生可以用这一观察结果作为反馈，为下一次预测提供信息。

通过将决策分解为不同的元素，我们可以清楚地进行思考：随着机器预测能力的增强，人类活动的哪些部分将贬值，哪些将增值。最清楚的是，对预测本身而言，预测机器整体上是人类预测的一个更好的替代。随着机器预测越来越多地取代人类预测，人类预测的价值将降低。但更重要的一点是，虽然预测是一切决定的关键组成部分，但它并不是唯一的组成部分。目前，决策的其他元素（判断、数据和行动）仍牢牢地被人类握在手中。它们是预测的互补品，也就是说，随着预测变得廉价，它们的价值会提高。例如，由于预测机器现在提供了更好、更快和更廉价的预测，我们或许可将做判断的努力用到从前决定不做决定的地方（例如接受默认设定）。此时，人类判断的需求将会增加。

"知识"没了

伦敦的司机为获得驾驶著名的黑色出租车的资格，必须参加名为"知识大全"（"The Knowledge"）的考试。考试内容包括知晓城市周边数千个景点和街道的位置，以及预测一天中任何时段任意两点之间最短或最快的路线——这是更难的部分。哪怕只是一座普通城市，相关信息量也非常惊人，何况伦敦并不普通。它从前是若干独立的乡村和城镇，在两千年的时间里逐渐发展成了一座全球化大都市。为了通过考试，申请人必须得到一个接近完美的分数。平均要花三年时间才能通过考试也不足为奇了。他们不光要花时间背地图，还要骑着机动车在城里跑，以便将记忆落到实处。但一旦通过考试，申请人就可获得绿色的荣誉胸章，象征他们已接受了知识的洗礼。

你知道这个故事接下来会怎么发展。十年前，伦敦出租车司机拥有的知识是他们的竞争优势。没有人能提供相同等级的服务。本来可以步行到某处的人会钻进出租车，完全是因为出租车司机知道路该怎么走。可仅仅过了五年，一套简单的移动GPS（卫星导航系统）就可以为驾驶员提供一度被出租车司机垄断的数据和预测。今天，大多数手机都可免费使用相同的"超级武器"。人们再也不会迷路了。人们知道最快的路线。而且，如今的手机已经更进一步了，因为它会实时更新交通信息。

投入了三年时间学习"知识大全"的司机们并不知道自己有一天竟然要跟预测机器竞争。多年来，他们把地图上传到自己的记忆里，检测路线，并用常识填补空白。如今，导航程序可以访问相同的地图数据，还能结合算法和预测性训练，利用出租车司机无法掌握的实时交通数据，以便在任何时候找到最佳路线。

但是伦敦出租车司机的命运不仅有赖于导航软件预测"知识大全"的能力，还有赖于帮助他们选择从A点到B点之间最优路线的其他关键要素。首先，出租车司机要能控制机动车辆。其次，他们身上"装载着传感器"（眼睛和耳朵最为重要），能将背景信息馈进大脑，确保自己将知识应用于实践。但其他人也能这样做。有了导航软件，伦敦出租车司机的工作并不会变得更糟糕。相反，出租车司机以外的数以百万计的人的出行却便捷多了。出租车司机的知识已不再是稀缺商品，这为优步等共享驾驶平台带来了与之竞争的机会。

其他司机能够借助手机上的"知识大全"来预测最快的路线，这意味着他们可以提供同样的服务。当高质量的机器预测变得廉价时，人类预测的价值便下降，出租车司机的境遇就会每况愈下。伦敦黑色出租车的乘坐人数下降了，因为有其他人可提供相同的服务。这些人同样拥有驾驶技能，具备人类传感器。随着预测变得廉价，互补性资产的价值上升。

当然，自动驾驶汽车本身有可能替代这些技巧和感官，但这一点我们稍后再来讨论。我们在这里想要说明的是，一如决策剖析部分所描述的那样，要理解机器预测带来的冲击就需要理解决策的各个方面。

应该带上伞吗

到现在为止，判断到底是什么，我们对此还有些不确定。为了解释它，我们引入一种决策工具：决策树。[①]当你拿不准做出特定选择后会发生什么的时候，它尤为有用。

让我们举一个你可能熟悉的选择作为例子。你应该带着伞出门散步吗？你也许认为，伞是一种能让人避免被雨淋湿的工具，没错。不过，在本例中，伞也是一种针对下雨可能性的保险。故此，以下框架适用于任何降低风险的类保险决策。

显然，如果你知道不会下雨，就会把伞留在家里。另一方面，如果你知道会下雨，那么一定会随身带伞。在图7-2中，我们使用树状图来表示它。树根分出两条支线，代表你可以做的选择："不带伞"或"带伞"。它们又各自分出两条支线，代表你不确定的事情："下雨"和"天晴"。没有准确的天气预报，你并不知道到底会怎样。你也许知道，在这一年的这个季节，天晴的概率是下雨的三倍。故此，你有3/4的机会碰上出太阳，有1/4的机会碰上下雨。这是你的预测。最后，在分支的末端是后果。如果你没带伞而碰上了下雨，你就会被淋湿，以此类推。

假设你喜欢不带伞同时不淋雨（用10分制打分的话，你认为这是10分）甚于带了伞没淋雨（8分），又甚于淋了雨（大大的0分）。（见图7-3）这些判断足以

---

① 更详细的解释见Joshua S. Gans, *Core Economics for Managers*（Australia：Cengage，2005）。

图7-2

应该带上伞吗?

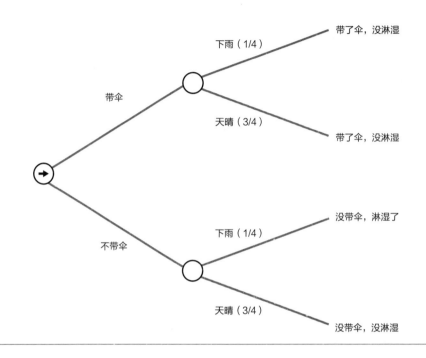

让你采取行动了。凭借下雨概率是1/4的预测,以及对淋湿和带伞损益的判断,你可以结算出带伞与不带伞的平均损益。据此,你带上伞(平均收益8分)比不带伞(平均收益7.5分)好。[①]

如果你真的很讨厌带伞(6分),你的偏好判断也可以据此进行调整。在这

---

① 原因是这样:

"带伞"的平均收益 =(3/4)(带了伞,没下雨)+(1/4)(带了伞,挡了雨)=(3/4)8 +(1/4)8 = 8

"不带伞"的平均收益 =(3/4)(没带伞,也没下雨)+(1/4)(被雨淋湿了)=(3/4)10 +(1/4)0 = 7.5

图7-3

带了伞和没带伞的平均损益

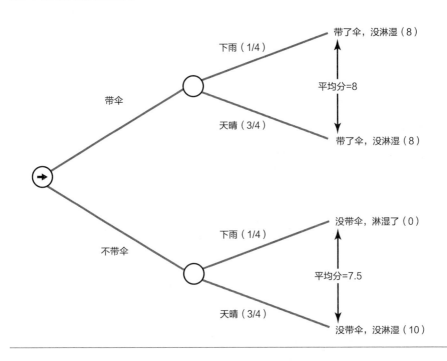

种情况下，出门不带伞的平均损益不变（7.5分），而带伞的损益变成了6分。所以，这些讨厌伞的人会把伞留在家里。

　　这个例子很琐碎。讨厌带伞甚于讨厌被雨淋湿的人显然会把伞留在家里。但对那些并不琐碎的决定，决策树仍然是一种厘清损益的有用工具，这也正是判断的核心。这里，行动是带伞，预测是下雨还是晴天，结果是会不会淋湿，判断是预期你从淋湿、没淋湿、带伞还是不带伞中所感受到的开心（"损益"）。随着预测变得更好、更快、更廉价，我们将更多地利用它来做出更多的决定，所以，我们将需要更多的人为判断，而人为判断的价值也将随之提升。

本章要点

※ 预测机器非常有价值，因为（1）它们常常可以比人类更好、更快、更廉价地生成预测；（2）预测是在不确定条件下做出决策的关键因素；（3）决策在整个经济和社会生活中无处不在。然而，预测并不是决策——它只是决策的组成部分。其他的组成部分包括判断、行动、结果，以及三类数据（输入、训练和反馈）。

※ 把决策分解成不同的组成部分，可以帮助我们理解预测机器对人类及其他资产价值带来的影响。预测机器替代品（即人类预测）的价值将会下降。然而，互补品（如与数据收集、判断和行动相关的人类技能）的价值会变得更宝贵。对于每个投入了 3 年时间学习"知识大全"（即学习预测一天中特定时间从 a 到 b 的最快路线）的伦敦出租车司机来说，预测机器并不会让他们中任何一个人的境况变得更糟糕。反而，借助预测机器，其他众多驾驶者在选择最佳路线上的表现变得更好了。出租车司机的预测技能不再是稀缺商品。非出租车司机不仅掌握驾驶技能，还具备人类传感器（眼睛和耳朵），依靠预测机器得到了有效提升，得以与出租车司机展开竞争。

※ 判断涉及确定与每一可能结果（包括"正确"决策带来的结果，以及错误决策带来的结果）相关的相对损益。判断要求你明确自己实际追求的目标，这是决策的一个必要步骤。随着预测机器让预测变得更好、更快、更廉价，人为判断的价值将会增加，因为我们对它的需求更高了。我们可能更愿意将精力放在我们之前选择不做决定（接受默认设定）的决定上。

第 **8** 章

判断的价值

更好的预测提高了判断的价值。毕竟，如果你不知道自己是喜欢不淋雨，还是讨厌随身带伞，光知道下雨的概率是没什么用处的。

预测机器不提供判断。只有人类才会进行判断，因为只有人类可以表达不同行动带来的相对回报。随着人工智能接管预测，人类会减少在决策中扮演预测加判断的综合角色，而更多地专注于发挥判断的作用。这将促使机器预测与人类判断之间形成互动，就跟你用电子表格或数据库执行多种查询差不多。

有了更好的预测，人们将获得更多的机会，思考不同行为带来的回报。总而言之，也就是有了更多判断的机会。而这意味着，更好、更快、更廉价的预测会让我们有更多的决定要做。

判断盗刷

诸如万事达卡、维萨卡和美国运通卡等信用卡机构随时都在进行预测和判断。它们必须预测信用卡申请人是否符合信用标准。如果申请人不合资格，公司就会拒绝他们的申请。你可能认为这是纯粹的预测，但其实这里头牵涉重要的判断元素。信用标准是浮动的，面对不同的利率和违约风险，信用卡公司必须判断自己的承担意愿分别是多大。这些决定带来了明显不同的商业模式——相当于美国运通卡中的高端白金卡和大学生入门级卡的区别。

公司还需要预测任意一笔交易是否合规。一如你是否带伞的决定，公司必须权衡4种不同的结果（见图8-1）。公司必须预测一笔支出款项是盗刷还是合

图8-1

信用卡公司的4种结果

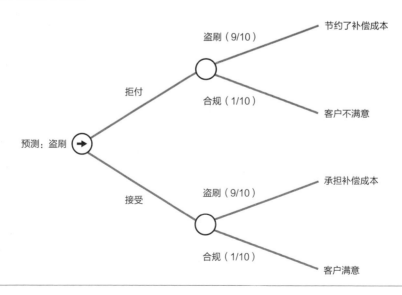

规，进而决定是授权还是拒绝该交易，接着评估每一结果。（拒付了盗刷支出是好的，拒付了客户本人的合规交易是糟糕的。）如果信用卡公司能够完美预测盗刷，那就一切顺利。可惜并非如此。

例如，乔舒亚（本书作者之一）购买跑鞋时经常遭到信用卡公司拒付，因为他往往一年只买一次跑鞋，大多还是度假时在外地的购物中心。多年来，他不得不打电话给信用卡公司，请求解除信用卡的限制。

信用卡盗刷常常发生在商场，头几笔盗刷交易没准是鞋和服装。（容易变现，作为同一盗窃链上不同分支的报酬。）由于乔舒亚没有定期购买衣服和鞋的习惯，因此很少去购物中心，信用卡公司才会判断该卡可能出现了盗刷。这种猜测很合理。

预测信用卡是否遭到盗刷，部分影响因素是通用的（交易类型，如购买跑鞋），另一些因素则是特定的（本例中，是年龄和频率）。这些因素互相组合，意味着标记该交易的最终算法会很复杂。

人工智能的承诺是，它可以让预测变得更精确，特别是在通用和个性化信息交杂的情况下。例如，根据乔舒亚多年交易的数据，预测机器可以了解这些交易的模式，包括他每年在同一时段前后购买跑鞋的事实。它不会将这种购买归为异常事件，而可能将其归类为这个人的寻常事件。预测机器可能会注意到其他相关因素，例如，某人购物需要多长时间，进而算出在两家不同商店的交易时间是否太过接近。随着预测机器能够更精确地标记交易，信用卡机构得以更自信地锁定信用卡，甚至主动与消费者联系。如今的情况正是如此。乔舒亚最近一次在购物中心买跑鞋，就买得很顺利。

但在预测机器能够完美预测盗刷之前，信用卡公司不得不计算失误的成本，这需要进行判断。假设预测不完美，并且有10%的概率不正确。接着，如果公司对这些交易拒绝付款，它们有90%的概率判断正确，节省与盗刷交易相关的补偿成本。但它们也有10%的概率拒付了合规交易，惹恼客户。为了制订出正确的行动方案，信用卡公司必须平衡发现盗刷的相关成本与客户不满相关的成本。这一权衡的正确答案，信用卡公司没法自动得知，它们必须算出来。所谓判断就是这么做的。

其实这就是雨伞一例的重复，只不过，这一回要权衡的不是带不带伞、淋雨还是不淋雨，而是盗刷费用和客户满意度。本例中，由于涉事交易是盗刷的概率比合规交易要大9倍，公司会拒绝承担费用，除非客户满意度比可能的损失重要9倍。

对于信用卡盗刷来说，上述损益，有不少都很容易判断。盗刷的补偿成本很有可能有着信用卡公司可辨别的显要的金钱价值。假设，一笔100美元的交易，补偿成本是20美元。如果顾客不满的成本低于180美元，那么拒绝交易是合理的。（180美元的10%是18美元，与20美元的90%相同。）对很多客户来说，一笔交易遭到拒付，并不会带来相当于180美元的不满。

信用卡机构还必须评估，这种拒付符不符合特定客户的情况。例如，持有白金卡的高净值用户可能还有其他机构的信用卡可用，如果遭到拒付，此人有可能不再使用这张卡。而此人有可能正在度豪华假期，于是，发卡机构说不定就损失了该用户在这趟旅行中的所有支出。

信用卡盗刷是一个定义明确的决策过程，出于这个原因，我们反复以其为例，但它仍然很复杂。相比之下，其他很多决策，不光潜在行为更加复杂（不仅仅是简单的接受或拒付），潜在的情况（或状态）也有所不同。要做出判断，就要理解每一组行为与对应情况的奖励。信用卡一例只有4种结果。（就算你对高净值客户和普通客户做区分，也只有8种。）但假设你有10种行为可供选择、外加20种可能出现的情况，你就要对200个结果做判断。随着事情变得更加复杂，回报的数量可能难以计算。

判断的认知成本

研究过决策的人一般都把回报当成既定的——它们的存在不需要理由。你也许喜欢巧克力冰激凌，而你的朋友可能喜欢杧果冰激凌。你们俩怎样得出各自的观点并无太大意义。同样，我们假设大多数企业追求的是利润或股东价值的最大化。经济学家考察过企业为自己的产品设定某个价格的原因，发现事先接受上述目标是有用的。

损益很少一目了然，而理解损益的过程有可能耗时长久且昂贵。然而，预测机器的崛起为理解损益价值的逻辑和动机带来了更多的收益。

从经济角度来看，计算损益的成本主要是时间。以你判断损益的一条特定途径为例：审议和思考。要想清楚你真正想要实现什么目的，或是客户不满带来了什么代价，兴许要付出时间思考、反省，甚至向别人寻求意见。又或者，你要花时间研究，才能更好地理解损益。

对信用卡盗刷检测而言，弄清楚客户满意和不满带来的损益，以及允许盗刷交易进行的代价是必要的第一步。但高净值客户带来的不同损益需要进行更多思考。评估这些损益会不会在高净值客户度假时发生变化就需要更多的考虑了。此外，普通客户度假时会怎么样？此时的损益是否有什么不同？要不要把出差和度假区分开来？又或者，要不要把去大峡谷和去罗马区分开来？

在每一种情况下，判断损益都需要付出时间和精力：更多的结果，意味着要进行更多的判断，也就意味着要花更多的时间和精力。判断是一个较慢的决策过程，对人类来说，这就是判断带来的认知成本。所有人都必须在弄清楚损益和延迟决定需付出的代价之间进行权衡。对看似不太可能出现的情形，有些人会选择不去研究它的损益。信用卡机构兴许发现，区分出差和度假是值得的，但区分到大峡谷度假和到罗马度假就没那么值得了。

在此类出现可能性不大的情况下，发卡机构可以猜到正确的决定，而把事情划分到一起，或是选择较为安全的默认设定。但对于更频繁的决策（如整体而言的旅行），或看似更重要的决定（如高净值客户），许多机构会花时间更加仔细地审议并尝试弄清损益。不过，尝试的时间越长，你做出决定以及执行所需要的时间也就越长。

弄清损益还有点像品尝新食物：吃一口，看看会发生什么。或者说，用现代商业的说法：实验。在相同的情况下，不同的人可能会采取不同的行动，并且了解奖励到底是什么。人是通过行动学到损益是什么的，而不是事前深思得来。当然，做实验肯定意味着你要做一些日后认为是错误的事情，故此，实验也有成本。你会吃到自己不喜欢的食物。如果你为了找到理想的食物不断尝试新口味，你会错过许多美好的就餐体验。无论是通过思考还是尝试来做判断，它始终是有代价的。

知道你做某事是为什么

预测是自动驾驶汽车和优步、Lyft（来福车）等平台兴起的核心，它们都是在出发点和目的地之间选择一条路线。汽车导航设备已经出现了一二十年，有些是车内装载，有些是独立设备。但互联网移动设备的激增改变了导航软件供应商收到的数据。例如，以色列初创公司Waze（"位智"，后为谷歌收购）跟踪司机选择的路线，生成准确的交通流量图。然后，它利用这些信息进行有效的优化，既考虑到驾驶员提供的信息，也考虑了对流量的实时监控，然后找到两点之间最快的路径。如果你想出行至更远的地方，它还可以预测交通状况可能怎样发展，并能在条件改变后提供更快捷的新路线。

像Waze这类应用的用户不会总是按照软件的指示走。他们并非对预测本身有不同意见，而是其最终目标或许并不是仅仅着眼于速度，还包括更多的元素。例如，软件并不知道汽车的汽油是不是快用完了，是否需要去加油站。但知道需要给车加油的人类驾驶员可以否定程序的建议，选择另外一条路线。

当然，像Waze这样的应用程序能够，也必将变得更好。比方说，在依靠电力行驶的特斯拉汽车里，导航会考虑到充电的需求和充电站的位置。应用程序可能会询问你是否需要加油，或者，在不远的将来，它甚至能直接从你的汽车里获取数据。这似乎是一个可以解决的问题，就像你可以调整导航软件的设置，避开收费的公路那样。

你的个人偏好中的其他方面更难编程。例如，在漫长的车程里，你可能希望在合适的地方停下来休息、吃饭。或者，程序推荐的最快路线说不定只能节省一两分钟，但开起来却极为费劲，如一些窄路。又或者，你不喜欢走曲折的道路。应用程序有可能了解这些行为，但在某个特定时间，某些因素不一定会纳入编码的预测里以自动产生行动结果。在预测你的偏好时，机器能学到的东西存在根本上的局限性。

从更宽泛的层面上来说，人做决定的时候，其对象很少只在一个维度上。人类对自己为什么做某事有一套独有的认识（有些认识是显露的，有些认识是隐含的），这使他们得以进行个性化且主观的权衡。

固然机器可以预测有可能发生些什么，人类仍然会根据自己对目标的理解来决定采取何种行动。在很多情况下，机器（比如Waze软件）会给人类一个预测，这一预测暗示了某一维度上（如速度）的特定结果；而人类会决定是否推翻机器推荐的行动。根据预测机器的复杂程度，人可能会要求它按照新的限制条件做出另一种预测。（"Waze，提供一个附近的加油站。"）

对判断硬编码

初创公司Ada Support正使用人工智能预测技术对技术支持问题进行区分——简单的和困难的。人工智能回答简单的问题，并将困难的问题发送给人。对典型的移动电话服务供应商而言，消费者打来电话要求获得技术支持的时候，他们问的绝大多数问题已经有其他人问过，输入答案的操作很简单。挑战在于预测消费者想要知道什么，以及判断该给出哪一个答案。

Ada的做法不是把人们引到传统的"常见问题"页面，而是立刻识别并回答这些常见问题。它可以匹配消费者的个人特征（如对技术能力的过往知识，他们呼入时使用的是什么类型的电话，或过去进行的通话），以改进对问题的评估。在此过程中，人工智能减少了顾客的挫败感，更重要的是，它还可以迅速处理更多的互动，而无须转接更为昂贵的人工客服。人类只需处理少见的、更困难的问题，简单的问题则交由机器处理。

随着机器预测的进步，很多情况下，提前明确判断越来越有必要。一如我们能向他人解释自己的想法那样，我们也可以向机器解释自己的想法——只不过是以软件代码的形式。如果我们预知会收到（针对该问题的）精确预测，我们就可以在机器进行预测之前将这种判断写入程序之中。Ada对简单的问题采用了这种做法。要不然，可能出现的情况太多，提前具体指定每一种情况下该怎么做太耗时耗力了。所以，对于难题，Ada会请求人类进行判断。

有时候，经验可以帮助人们将判断编入代码中。大多数经验是无形的，无法被轻易地编写下来或表达出来。安德鲁·麦卡菲（Andrew McAfee）和埃里克·布莱恩约弗森（Erik Brynjolfsson）写道："（用计算机替代人类）是有局限性的，因为有很多任务，人能够毫不费力地理解，但不管是计算机程序员还是其他任何人，都无法明确阐明这些任务的'规则'或流程。"不过，并非所有的任务都是这样。对一部分决定来说，你可以清晰地阐明必要的判断，并用代码来表达。毕竟，我们常常向别人解释自己的想法。实际上，如果判断可被编码，就意味着你能够补完"如果–那么"语句里"那么"后面的部分。只要能做到这一点，判断就能够确定并编写为程序。

麻烦的地方在于，就算你可以对判断进行编程，接替人的角色，机器接收的预测也必须相当精准才行。如果可能出现的情况很多，那么你就必须花费大量的时间提前指定每一种情况下要做什么。如果可能发生的情况很明显，你便可以轻松地编程，让机器采取特定行动；然而，只要还存在不确定性，那么，指导机器时就必须十分谨慎地权衡犯错的代价。不确定性意味着，不光在预测结果正确时你需要判断，预测结果错误时，你同样需要判断。换句话说，不确定性会增加特定决定带来的损益所需要的判断成本。

信用卡机构已经采用新的机器学习技术进行盗刷检测。预测机器让它们得以更加自信地编程，让机器决定是否阻止一笔信用卡交易。随着盗刷预测变得更加准确，把合规交易错误地识别为盗刷的概率下降了。如果信用卡公司不怕在预测中犯错，就可以对机器的决定进行编程，而无须判断拒付一笔交易、惹怒特定客户带来的代价。这样一来，做决定就容易多了：如果是盗刷，那么就拒付；如果不是，那么就接受交易。

回报函数工程

随着预测机器带来更好更廉价的预测，我们必须弄清怎样才能最好地运用这些预测。不管我们能不能提前明晰判断，总需要有人来确定判断。这就是需要回报函数工程的地方，它根据人工智能所做的预测，确定不同动作的回报。做好这项工作，需要了解组织的需求和机器的性能。

有时，回报函数工程牵涉到对判断做硬编码：在预测之前就对回报进行编程，以求实现行为的自动化。自动驾驶车辆就是这种硬编码回报的例子之一。一旦做出预测，动作就立刻执行。但把回报设定正确也很重要。回报函数工程必须考虑到人工智能对一项成功指标做过度优化的可能性（此时，动作跟组织的更大目标会不一致）。在自动驾驶汽车领域，有一大堆委员会在做这方面的努力；不过，还有许多新的决策也需要进行此类分析。

还有些情况，可能的预测结果太多了，提前判断所有可能出现的损益成本过高。人类需要等到预测出现，接着评估损益，这接近如今大部分决策的运行方式（不管其中是否包含机器生成的预测）。我们将在下一章中看到，在这些地方，机器也逐渐深入。有些环境下，预测机器可以通过观察过去的决策来预测人类的判断。

整合

我们大多数人其实已经在做一些回报函数工程了，只不过对象是人类而非机器。父母教孩子价值观。导师指导新员工系统怎样运作。管理人员为员工提供目标，接着对目标进行调整，以获得更好的绩效。每一天，我们都会做出决策，评判回报。但当我们为人类做这件事的时候，预测和判断是集中在一起的，回报函数工程的作用并不明显。随着机器越来越擅长预测，回报函数工程的作用就变得越来越重要了。

为了说明实践中的回报函数工程，让我们以在线岗位发布网站ZipRecruiter的定价决策为例。公司付钱给ZipRecruiter，为自己希望填补的空缺职位寻找合格的候选人。ZipRecruiter的核心产品是一种大范围的高效匹配算法，也就是传统猎头公司匹配求职者与公司的升级版。

ZipRecruiter并不清楚该向公司收取多少服务费。收费太少，赚的钱也少；收费太高，客户就会投入竞争对手的怀抱。为了弄清楚定价，ZipRecruiter请来两位专家——芝加哥大学商学院的经济学家J. P. 迪贝（J. P. Dubé）和桑乔戈·米斯拉（Sanjog Misra），让两人设计实验来确定最佳价格。他们随机分配不同的价格给不同的潜在客户，判断每一个小组购买的可能性。这样一来，他们就能够确定不同客户对不同的价格有什么样的反应。

棘手的是要弄清楚"最佳"意味着什么。公司该力争短期收入的最大化吗？为此，它可以选择高价格。但是高价格意味着客户较少（哪怕从每个客户身上赚到了更多的钱）。这也意味着较少的口碑。另外，如果发布的职位较少，使用ZipRecruiter找工作的人数恐怕会下降。最后，面对高价格，客户或许会开始寻找替代品。虽然它们没准会在短期内支付高价格，但长期而言，会转投竞争对手门下。ZipRecruiter应该怎样权衡这些因素呢？它应该追求哪方面的回报最大化？

价格上涨的短期后果相对容易衡量。专家们发现，针对某类新客户的提价能让日常利润增加50%以上。但是，ZipRecruiter并未立即采取行动。它意识到长期风险的存在，想等一等，观察付了更高价格的客户会不会离开。4个月后，它发现，提价所带来的收益仍然很高（哪怕提价后有可能带来前述不良后果）。ZipRecruiter不愿再放弃较高的利润，并判断4个月的时间足以执行价格变动了。

弄清楚这些不同的动作带来的回报（这是判断的关键步骤）就是回报函数工程，这是人类决策过程中的根本环节。预测机器是为人类设计的工具。只要还需要人类来权衡结果并进行判断，那么，随着预测机器的进步，人类还将扮演关键的角色。

本章要点

※ 预测机器提高了判断的价值，因为它们通过降低预测的成本，提高了理解行动相关回报的价值。然而，判断也有其代价。弄清不同情况下不同行为的相对回报需要付出时间、努力，并进行实验。

※ 许多决定发生在不确定的条件下。我们以为会下雨，所以决定出门带伞，但我们有可能是错的。我们认为一笔交易是合规的，决定认可它，但我们有可能是错的。在不确定条件下，我们不光需要判断按正确决定采取行动时可能带来的回报，也要确定按错误决定采取行动的代价。因此，不确定性会增加指定决策回报的判断成本。

※ 如果与决策相关联的动作－情境组合的数量可控，我们便可以把判断交给预测机器（这就是"回报函数工程"），这样，一旦机器生成预测，它便可以自行做出决定。这就促成了决策自动化。然而，很多时候，动作－情境的组合太多，提前将每一组合（尤其是极为罕见的组合）相关的损益进行编码的成本太高。此时，在预测机器做出预测之后，让人来进行判断更为高效。

第 **9** 章

预测判断

　　谷歌子公司Waymo[①]等企业已经成功地测试了在两地之间用无人驾驶汽车运送乘客了。但这只是开发自动驾驶汽车的一部分。驾驶对车内乘客同样有影响，只是更难观察。然而，人类驾驶员的确会考虑到车内的其他人。踩刹车时要按车内其他人舒服的方式来踩，就属于新司机要学习的头等大事之一。故此，Waymo的技术人员必须教旗下的汽车避免紧急制动，而是平缓地停下。

　　涉及驾驶的决定有数千个。让人类把对每一可能情况的判断进行编码未免不切实际。所以，我们另辟蹊径，给自动驾驶系统展示许多例子，训练它们，让它们学习预测人类的判断——"在这种情况下，人类会怎么做？"驾驶并非特例。凡是人类会一次次做决定的环境，我们都能够收集有关人类接收信息并做出反应的数据，通过给预测机器提供回报来使之生成预测（"人类会怎么做呢？"），从而自动得出决策。

---

① 一家研发自动驾驶汽车的公司。——译注

至少对人类来说，一个根本的问题是，人工智能能否依据人类此前的判断发挥预测能力，并且在此过程中完全不需要人类的干预。

破解人类

许多决定非常复杂，并且要根据并不容易进行编码的判断进行预测。但这并不能保证人类还能在这些决定里保持核心地位。相反，一如自动驾驶汽车，机器可以通过观察大量的例子来学习怎样预测人类的判断。要预测的问题变成："给定输入数据后，人类会做什么？"

Grammarly公司①提供了一个例子。2009年，亚历克斯·舍夫琴科（Alex Shevchenko）和马克斯·利特温（Max Lytvyn）创办了Grammarly，率先使用机器学习来修改正式的书面材料。它的主要重点是改进句子中的语法和拼写。②例如，把这句话的英文原文放进Grammarly软件，它会告诉你，"It's"应该是"Its"，而且"grammer"拼写错了（应为"grammar"）。它还会告诉你，"main"这个单词容易滥用。

Grammarly软件能做出这些修正，既是靠着一套由资深编辑修正过的庞大语料库来学习的，也靠着从用户接受或拒绝这些修订建议的反馈来学习的。Grammarly通过这两种方式来预测人类编辑会怎么做。它远远不只是机械地运用语法规则，而是还会评估人类读者是否偏爱不那么完美的语法。

人类能对人工智能进行训练，这一设想可以扩展到各种各样的情况。旅游人工智能初创公司Lola试图对预订旅行的流程进行自动化，它以人工智能为核心，

---

① 一家提供英语语法纠错以及句式优化功能的教育科技公司。——译注

② 此处原文为：It's main focus is on improving grammer and spelling in sentences.——译注

从寻找优秀的酒店入手。但正如《纽约时报》的报道：

（它）跟有着多年经验的人类中介的专业技能没法相提并论。假设，人类中介有着多年预订迪斯尼世界合家欢业务的经验。人可以更加灵活，比如，他会知道，要是度假的一家人想在灰姑娘城堡前拍一张没有旁人的照片，则应该在开门之前预订公园里的早餐服务。

这个例子表明，一台机器很容易将判断应用到能描述出来的地方（例如，能否预订，价格多少），但无法理解人类微妙的偏好。然而，Lola软件可以学习预测有着丰富经验和想法的人会怎么做。对Lola而言，问题是这样：为了让预测机器获得足够的反馈，了解其他相关标准，它需要观察多少个预订去奥兰多度假的样本？Lola公司发现，尽管自己旗下的人工智能在某些标准上很为难，却能够揭示人类中介自己无法提前描述的决策，比如某些客人偏好时髦的酒店，或是偏好坐落在街角的酒店。

人类训练员帮助人工智能变得足够好，这样，一桩任务中的许多方面就不再需要人类了。人工智能可以几乎不出错地自动完成某一流程，这一点尤其重要。人可以监督人工智能，纠正错误。随着时间的推移，人工智能会从错误中学习，直到不再需要人类的纠正。

还有一个例子来自智能助手初创公司X.ai，它专门提供助理服务，为你安排会议，将它新建到日历上。它通过电子邮件或数字私人助理（"埃米"还是"安德鲁"，随你喜欢），跟用户及用户想要会面的人进行互动。例如，你可以发送一封电子邮件给安德鲁，请它下周四安排你和H先生开会。接着，X.ai访问你的日历，并发送电子邮件给H先生安排会议。H先生恐怕猜不到安德鲁竟然不是人类。重点在于，跟H先生或他的助理（最好是另一个"埃米"或"安德鲁"）沟通的任务，你算是卸下来了。

显然，如果日程安排出错，或是自动助理冒犯了潜在的受邀者，大难就会来临。多年来，X.ai聘用人类训练员。他们复查人工智能的反应，考察其准确度，并进行校验。每当训练员进行调整，人工智能就会学到更好的应对方案。人类训练员的作用，不仅仅是确保礼貌，他们还会应付人类给人工智能助理制造障碍的不良行为。直到本文写下之时，这种对判断进行预测的方法到底能在多大的程度上实现自动化，仍然未有定数。

人类会被挤出局吗

如果机器能够学会预测人类的行为，它们会把人类完全挤出局吗？从目前预测机器的发展轨迹看，我们不这么认为。人类是一种资源，简单的经济学表明，他们仍有事要处理。问题主要在于，对人类来说，这些"事"是价值高还是价值低，极具吸引力还是缺乏吸引力。你所在组织中的人类应该做些什么？你在招聘新员工时应寻找什么特质？

预测依赖于数据。这意味着，人类相较机器有两点优势。我们知道一些机器（还）不知道的东西，更重要的是，我们更擅长在数据不足的情况下决定该做什么。

人类拥有机器没有的三类数据。首先，人的感官极为强大。在很多方面，人的眼睛、耳朵、鼻子和皮肤仍然超过机器的性能。其次，人类是自己偏好的最佳仲裁者。消费者数据非常有价值，因为它向预测机器提供了有关这些偏好的数据。杂货店为使用会员卡的消费者提供折扣，获取其行为数据。商店出钱请消费者说明个人偏好。谷歌、Facebook和其他公司提供免费服务，以换取它们能在其他环境中精准投放广告的数据。第三，隐私担忧限制了机器可用的数据。只要有足够多的人不愿公开自己的性行为、财务状况、心理健康状况和种种惹人反感的念头，预测机器就没有足够的数据来预测许多类型的行为。缺乏足够优质的数据，我们对人类的认识能为判断这项技能保留一席用武之地，这是预测机器无法学会的。

用极少的数据预测

预测机器缺乏数据还可能是因为有些事情极为罕见。如果一台机器无法观察到足够多的人类决策，就无法预测这些决定暗含的判断。

第6章我们讨论了"已知的未知"，即因缺乏数据而难以预测的罕见事件，比如总统选举和地震。有些情况下，人类善于用很少的数据进行预测，比方说，就算对方逐渐老去，我们也可以识别对方的脸。我们还讨论了，按照定义，"未知的未知"为什么难以预测或应对。如果人类从来没有面对过类似的情况，人工智能是无法预测人类会怎么做的。从这个意义上来说，人工智能无法预测一家公司在面对互联网、生物工程甚至人工智能本身等新技术时会提出怎样的战略方向。人类能够进行类比，辨别出不同背景下有用的相似之处。

最终，预测机器在类比上或许会变得更好。尽管如此，我们的观点仍将站得住脚：预测机器不擅长预测罕见事件。在可预见的将来，出现异常情况时，人类的预测和判断仍有用武之地。

在第6章中，我们还强调了"未知的已知"。例如，我们讨论了这样的情况：哪怕你将来在管理人工智能方面取得了巨大成功，决定要不要对朋友推荐本书仍然颇具挑战性。挑战在于，假如你没有读过本书，结果会怎样，这方面的数据你永远得不到。如果你想弄清楚什么是因，什么是果，你便需要观察在跟事实相反的情况下会发生些什么。

人类主要用两种方法来解决这一问题：实验和建模。如果这一情况经常发生，你可以进行随机对照实验。以特定的方式对待一部分人（要求他们阅读本书，或至少把书给他们，接着进行相关内容的考试），让另一些人作为对照（要求他们不得阅读本书，或至少不向他们做宣传）。接下来，等上一段时间，收集他们在工作中应用人工智能的程度。将两组人进行比较。实验组与对照组的区别，就是阅读本书带来的结果。

这类实验作用极大。没有它们，新的治疗方法将得不到通过。从谷歌到Capital One（第一资本金融公司）等，数据驱动型公司的许多决策也受它们的推动。机器也可以进行实验。只要情况出现得足够多，进行实验的能力并非人类独有。机器可以进行实验，然后通过学习来预测是什么导致了什么，就跟人类一样。如今，机器在许多电子游戏上的表现都超过了人类，实验就是这其中的关键因素之一。

除了实验，你还可以选择建模。建模涉及深入了解所测数据生成的情况和过程。在无法进行实验（情况出现得不够多，或是进行实验的代价太高）的时候，它尤其有用。

我们前一章介绍过在线岗位发布网站ZipRecruiter决定最佳价格的策略，它包括了两部分。首先，它需要弄清楚"最佳"意味着什么：是短期收入，还是较长期的东西？是更多的求职者、更多的广告商，还是更高的价格？其次，它需要选择一个具体的价格。为了解决第二个问题，它进行了实验。专家设计了实验，但原则上，随着人工智能的进步，只要拥有足够的广告商和足够的时间，这些实验是可以自动进行的。

然而，更难以自动化的是确定"最佳"。求职者的数量取决于招聘广告的数量，反之亦然，整个市场只有一次观察机会。如果搞错了，ZipRecruiter可能会倒闭，再也没有重新来过的机会。于是，它为自己的业务建了模。它探索了最大化短期利润的后果，并将之与另一些追求长期利润最大化的模型做比较。没有数据，对结果进行建模、对回报函数设立工程仍然是人类才拥有的能力，尽管这对人类的技能要求极高。

第二次世界大战中，同盟国军队的轰炸袭击也得益于建模。工程师们意识到他们可以为轰炸机安装更好的装甲。特别是，他们可以给飞机增加一定的重量，同时不牺牲性能。问题在于,到底保护飞机的什么位置好呢?可以做实验,但代价太高了。飞行员会送命的。

每一架飞去德国完成轰炸任务并返航的轰炸机,工程师都可以看到它们被高射炮击中的位置。飞机上的弹孔就是他们的数据。但这些显而易见的地方,真的是应该加强装甲的地方吗?

他们请统计学家亚伯拉罕·沃尔德(Abraham Wald)对此问题进行评估。经过一番思考和相当深入的数学计算后,他告诉工程师,要保护没有弹孔的地方。他是糊涂了吗?这似乎有违直觉。他的意思是要保护飞机身上没有弹孔的位置?是的。他对生成数据的过程建立了一套模型。他意识到,有些轰炸机没有在完成袭击任务后平安归来,进而猜测它们被击中了致命的位置。相比之下,返回基地的轰炸机只是被击中了不致命的位置。依靠这一见解,空军工程师们在没有弹孔的地方增加了装甲,飞机得到了更好的防护。

沃尔德对缺失数据的见解,需要理解数据是从什么地方来的;考虑到问题以前从未出现过,工程师没有可供借鉴的前例。在可预见的将来,这样的计算超出了预测机器的能力。

这个问题很难解决。解决方案来自人类,而非预测机器。不过,这个人是有史以来最优秀的统计学家之一。他对统计学中的数学有着深刻的认识,并有着足够灵活的思维来理解生成数据的过程。

人类可以通过训练来学习这种建模技能。这是大多数经济学博士课程的核心部分,也是许多学校MBA课程(包括我们在多伦多大学开设的课程)的内容。在跟预测机器合作的时候,这些技能很重要。要不然,人就很容易落入"未知的已知"的陷阱。你以为预测告诉了你要做什么,但它们兴许会让你误入歧途,混淆了因果关系。

一如沃尔德拥有一套良好的生成弹孔数据过程的模型,当人类决策生成数据的时候,一套良好的人类行为模型有助于做出更好的预测。在可预见的将来,人类需要帮助开发这些模型,确定行为的相关预测因子。预测机器难以在没有数据的情况下进行推断，因为行为可能会发生变化。它必须理解人类。

如果你从来没有做过某件事，你大概会问："如果我做了这个，会发生些什么？"与此有关的许多决策都存在类似的问题。你应该在产品线中加入一款新产品吗？你应该与竞争对手合并吗？你应该收购一家创新型初创公司，还是一家渠道合作伙伴？如果发生改变之后，人们的行为变得不一样，那么，过去的行为就无法对未来的行为做出有用的指导。预测机器不会获得相关数据。对于罕见的事件，预测机器的用处很有限。因此，罕见事件的存在极大地限制了机器预测人类判断的能力。

 ## 本章要点

Prediction Machines

※ 机器可以学会预测人的判断。驾驶是例子之一。要把人类在每一种可能出现的情形下做出的判断进行编码是不切实际的。不过，我们可以向自动驾驶系统提供许多人类判断的例子，设计它们对人类判断进行预测（"人类在这种情况下会做什么"）的回报函数，借此训练它们。

※ 机器预测人类判断的能力是有限的。有限的原因跟缺乏数据有关。有些数据，比如个人的偏好，机器无法掌握。这类数据很宝贵，如今，企业通过会员卡折扣，以及提供免费在线服务（如谷歌和 Facebook）等方式，花钱来获取它们。

※ 机器不擅长预测罕见事件。哪怕自己的企业过去不曾出现过类似的事件，管理者也会就并购、创新和合作伙伴关系等事务做出决策。在此类并不常见的情况下，人类会运用类比和建模的方式来做决定。而如果一种情况在过去没有多次发生过，机器就无法预测判断。

第 **10** 章

驯服复杂性

　　《美国谍梦》（*The Americans*）是一部关于冷战的电视剧集，其故事背景设定在20世纪80年代的美国华盛顿特区。剧中有一台在联邦调查局的办公室之间派发邮件和机密文件的机器。20世纪80年代就存在这样一部自主运载工具，乍看之下令人惊奇。但它其实早在此前10年就上市了，名叫"移动邮件"（Mailmobile）。

　　为了给"移动邮件"指路，技术人员要先铺设一条能穿透地毯且发出紫外光的化学小径，从邮件室一路通向不同的办公室。机器人使用传感器缓缓地沿着小径（以每小时不到1英里的速度）前行，直到化学标记指示其停止。"移动邮件"的成本约为10 000到12 000美元（差不多等于现在的50 000美元），如果支付额外费用的话，公司还可以再附加一套检测小径上障碍物的传感器。如果没有这套附加的传感器，它就会直接发出哔哔声，提醒人们自己要来了。如果办公室原本需要一个人用两小时来派发邮件，那么，"移动邮件"只需20分钟就可完成同等工作量，且其间不会留在办公室里聊天打趣。

邮件机器人需要提前仔细规划。为了配合机器人的运作，办公室里甚至需要做一些简单但也许价格不菲的调整。它只能应付环境中出现的少量变数。

即便到了今天，世界各地的许多自动化铁路系统仍有着烦琐的安装要求。例如，哥本哈根地铁没有司机，但它能运转是因为列车运行在精心规划的环境里，为数不多的传感器会将周遭环境告知机器人。

这些局限是大多数机器和设备的共同特征。依照设计，它们只能在严格的环境下运行。与大多数工厂车间的设备相比，邮件机器人显得有些特殊，因为许多办公室可以相对容易地安装它。但是，大多数情况下，机器人只能在严格控制和标准化设置的环境中运行，因为设备无法应对不确定性。

更多"如果"

所有机器（无论是软件还是硬件），本质上都是按照经典的"如果–那么"逻辑编程的。"如果"部分规定场景、环境条件或信息片段。"那么"部分告诉机器怎样处理每个"如果"（外加上"如果否"和"另外"）："如果检测不到化学路径，那么就停止。"邮件机器人不能看到自己周围的环境，只能在人为减少了"如果"的环境下运行。

如果能够区分更多情况（更多的"如果"），哪怕它并不改变所做的事情（本质上也就是在任何点停止或前行），也能应用于更多的地方。如今，iRobot公司[①]出品的扫地机器人Roomba就能够这么做，它自由地在房间里"游荡"，依靠传感器来避免掉下楼梯或卡在角落里；它还有一个存储器，以确保及时清扫了全部地面。

---

① 一家1990年于美国特拉华州注册成立的机器人公司。该公司涉及制造军用机器人、商用机器人、医疗机器人及家用机器人，并以家用自动吸尘机器人——Roomba最为知名。
　——译注

如果机器人在室外运作，就需要移动得更慢，避免因地面潮湿而打滑。这时会出现两种可能的情况（或状态）——干燥和湿滑。如果机器人的运动还受更多条件的影响，比如光线是明是暗、有没有人在附近移动、该批邮件里是否有急件、是否可以从松鼠身上碾过去但不得从猫身上碾过去，以及其他更多的因素，并且，如果规则对互动敏感（比如，在黑暗中碾过松鼠没问题，但天亮时则不可以），那么，情况的数量（"如果"的数量）就会大幅增加。

更好的预测可以识别更多的"如果"。有了更多的"如果"，邮件机器人可以对更多情况做出反应。预测机器能够让机器人识别出黑暗中的潮湿环境，20英尺外有人类跑过，正前方有一只猫——这样的条件需要放慢速度；但同样是黑暗中的潮湿环境，同样是20英尺外有人类跑过，正前方是一只松鼠——这样的条件不需要放慢速度。预测机器能让机器人四处移动，而无须按照事先安排好的轨道或轨迹行进。我们这款全新的"移动邮件"可以在更多环境下运行，而且不需要新增环境改造的成本。

如今送货机器人随处可见。仓库里有自主配货系统，它能够预测环境，并做出相应调整。成群结队的Kiva机器人在亚马逊庞大的配送中心运送货物。初创公司正在尝试让送货机器人装载着包裹（或比萨），顺着便道和马路从公司送到客户的家里，再从客户家里回到公司。

如今的机器人能够这么做，是因为它们可以使用复杂传感器接收的数据来预测环境，并接收应对的指令。大多数时候，我们从概念上并不认为这是预测，但从本质上说，它就是预测。随着预测越来越廉价，机器人也会越来越好用。

更多"那么"

据报道，曾获诺贝尔奖的经济学家乔治·施蒂格勒（George Stigler）说过这样一句话："那些从未错过航班的人在机场花费了太多时间。"[1]虽然这一奇特的逻辑的确站得住脚，但反方观点也很有力：在机场，你可以像在其他地方一样，把该做的工作做完，或是随意放松一下；早点到机场，避免错过航班，甚至能让你感觉更安心。所以，机场休息室就这么诞生了。为给乘客（或至少是富裕或频繁飞行的乘客）提供一个方便又安静的环境等候航班，航空公司发明了它。休息室的存在是因为你有可能提前到达机场。总是迟到的人只会在换乘班机或航班延误时使用休息室；他们错过飞往巴厘岛的航班时，大概也会在休息室抹眼泪吧。如果你的到达时间不够准确（这是很常见的情况），休息室提供了一定缓冲空间。

　　假设你的航班是上午10点，航空公司规定你应该提前60分钟抵达。你可以在上午九点抵达并登机。根据上述信息，你应该什么时候出门去机场？

　　一般而言，你可以在30分钟内赶到机场。所以，你差不多上午八点半出门，但这没有考虑交通拥堵的情况。有一回，本书的三名作者在纽约开会讨论完本书后飞回多伦多。三人在前往拉瓜迪亚机场时碰到了无比糟糕的交通状况，逼不得已，我们去机场的最后一英里是顺着高速公路走完的。所以，额外再加上30分钟是很合理的（如果你讨厌风险，再多预留些时间也无妨）。这下，你早晨八点钟就得出门，但你出门时并不知道当时的交通状况。所以，你往往会在休息室里待上30分钟，甚至更久。

　　诸如Waze之类的应用可以为你提供从当前位置到机场的准确时间。此类应用程序可以监测实时的和历史的交通情况，预测并更新最快的路线。把它跟Google Now（谷歌即时）搭配使用，再加上其他可显示历史延误情况或对应航班位置的软件，你便可以对自己的航班状况心中有数。总体而言，有了这些软件，你大可以放心依赖预测，它们开辟了新的选择，比如，"除非交通堵塞，否则我可以稍

---

[1]　按内森·罗森伯格对作者们所说的，乔治·施蒂格勒这番话说于1991年。

后再出门，径直去登机口"或者"如果航班延误，我稍后再出门"。

更好的预测减少或消除了不确定因素的关键来源，故此也免去了你在机场有个地方候机的必要。更为关键的是，更好的预测引发了新的行为。你不用设定航班离港前两小时从家里出发的硬性规则，而是按照视情况而定的或有规则，判断什么时候从家里出发。这类或有规则就是"如果–那么"语句，有了更多可靠的预测，就产生了更多的"那么"（早点出发，按时出发，或晚点出发）。因此，除了产生更多的"如果"，预测还可以通过增加可行的"那么"来扩大机会。

邮件机器人和机场休息室有一些共同的东西：它们都是对不确定性的不完美解决方案，并且都能为更好的预测所替代。

更多"如果"和更多"那么"

更好的预测可以让你更频繁地预测更多东西，同时减少不确定性。每项新的预测还会产生间接影响：它让你原本不会考虑的选项变得可行了。而且，你不必明确地对"如果"和"那么"进行编码。你可以用例子来训练预测机器。你瞧！从前不被视为预测问题的问题，而今或许可以按照预测问题的方式加以解决了。我们在自己没意识到的情况下做了折中。

这种折中是人类做出决定的一个关键方面。诺贝尔经济学奖获得者赫伯特·西蒙（Herbert Simon）称之为"满意即可"（satisficing）。当经典经济学假设了一种具有超级智慧的存在完美地在做一些理性决策时，西蒙在他的作品里意识到并强调，人类是无法应对复杂性的。因此，他们会追求满意度，尽量达成目标。思考很难，所以人会走捷径。

西蒙是一位博学家。除了诺贝尔奖之外，他还因为"对人工智能做出的贡献"而获得常被称为计算机界诺贝尔奖的图灵奖。他在经济学和计算机领域的贡献是相关的。1976年，他在图灵奖讲座上再次表达了自己对人类的思考，强调计算机"处理资源有限；在有限的时间段、有限的步骤内，它们只能执行数量有限的处理任务"。他认为，计算机就跟人类一样，会采取折中方案，使用户满意即可。

邮件机器人和机场休息室是在缺乏良好预测的条件下追求满意度的例子。这样的例子无处不在。人们需要多练习，多花时间，才能设想出更好的预测带来的可能性。对于大多数人来说，机场休息室是应对不佳预测的解决方案，一旦有了高效预测机器，它们的作用会降低——这么说显得不够直观。我们太习惯折中了，我们甚至无法想到，一些决策是牵涉预测的。

本书前面介绍过翻译的例子。专家们认为自动翻译不是预测问题，而是语言问题。传统的语言学方法使用词典，并结合一定的语法规则来逐词翻译。这就是"满意即可"；因为有太多的"如果"了，其结果很不理想。当研究人员认识到翻译可以逐句进行甚至逐段进行时，它就变成了一个预测问题。

用预测机器进行翻译，涉及预测另一种语言中最可能与之对应的语句。统计数据使计算机可以预测"如果"——根据数据匹配的译文，哪一个句子是专业译员选用概率最大的。很明显，它并不依赖于语法规则。这一领域的先驱弗雷德里克·杰利内克（Frederick Jelinek）评论说："每当我开除一位语言学家，语音识别器的性能都会随之提升。"显然，这样的发展，不免叫语言学家和译员感到恐慌。其他各种任务，包括图像识别、购物和对话，都可以被视为复杂的预测问题，可通过机器学习的方法处理。

更好的预测促成更复杂的决策，以此降低风险。例如，人工智能近来在实践方面的一项应用是放射学。放射科医师目前所做的大部分工作都是收集影像和识别重大病情。他们预测图像中的异常。

人工智能执行这一预测功能的能力，在准确度上愈发可与人类匹敌，甚至更好，它可以协助放射科医师和其他医学专家做出决策（这些决策将对患者产生影响）。关键性能指标是诊断的准确性：机器能否在患者生病时预测出疾病，在患者健康时预测出没有疾病。

但我们必须思考这些决策牵涉到些什么。假设医生怀疑是肿块，且必须决定用某种方法来检测它是否为癌变。选择之一是医学成像。另一种选择需要开刀，比如活检。活检的优势在于，它有更大概率提供准确的诊断。活检的问题当然也很明确，它需要开刀；因此，如果病情严重的概率较低，医生和患者都倾向于避免活检。放射科医生的工作之一，就是为不做开刀的手术提供理由。理想的做法是，执行一套流程，以确认严重的诊断。活组织检查是一项保险措施，针对的是对致命疾病不做治疗的风险。但活检是有代价的。进行活组织检查的决定取决于活组织检查本身的成本和开刀的程度，以及忽视这一疾病的后果会有多严重。医生根据这些因素来决定是否做活检，毕竟开刀是有身体和金钱成本的。

有了可靠的图像诊断，患者就可以放弃需要开刀的活检。如果没有预测，他们可能采取风险很大的行动。他们不再需要折中了。人工智能的进步意味着不再需要满意即可的方案，也不再需要更多的"如果"和"那么"了。复杂度高了，风险却更小了。这就扩大了选项，改造了决策。

 本章要点 *Prediction Machines*

※ 预测的进步令决策者（不管是人类还是机器）能够处理更多的"如果"和"那么"。这带来了更好的结果。例如，以本章介绍的导航（和邮件机器人）为例，预测机器把从前仅能在受控制的环境下运行的自动驾驶车辆解放了出来。控制环境的特点，就在于"如果"（或状态）的数量有限制。预测机器让自动车辆可在非受控的环境下运行（比如在城市的街道上），因为预测机器不再需要提前把所有可能出现的"如果"进行编码，而是学会预测人类操作员在特定情况下会怎么做。

同样，机场休息室的例子说明，预测的增强如何促成了更多的"那么"（如根据对特定日子特定时段前往机场要花多长时间的预测，"那么，X 时、Y 时或 Z 时再出门"），而不再总是需要提前出门"以防万一"，以致在机场休息室等待较长时间。

※ 没有良好预测的时候，我们会依照"满意即可"的策略，根据可用的信息做出"足够好"的决策。总是提前出门抵达机场，却常常因为早到而等待较长时间，这就是个"满意即可"的折中方案。这一解决方案并非最优，但考虑到可用的信息，它足够好。邮件机器人和机场休息室都是旨在回应"满意即可"而出现的发明。预测机器将减少对权宜之举的需求，减少投资此类解决方案（邮件机器人系统和机场休息室）的收益。

※ 我们十分习惯在商业和社交生活里做出满意即可的决定，所以，要多实践，才能想象出预测机器能处理更多"如果"和"那么"（从而得以在更为复杂的环境下做更复杂的决定）所带来的更大范围的可能。对大多数人来说，机场休息室是应对错误预测的解决方案，它们在强大的预测机器出现的时代里会贬值——这并不直观。进行活检是另一个例子，活检的存在主要是为了回应医学影像预测的弱点。随着预测机器的信心不断提升，医学成像人工智能对活检相关工作所产生的影响可能会越来越大，因为，跟机场休息室一样，活检是一种代价很高并需要开刀的手术，是为了应对预测失误而发明出来的。机场休息室和活检都是风险管理式解决方案。预测机器将带来更好的新方法来应对风险。

第**11**章

全自动决策

2016年12月12日，特斯拉汽车俱乐部会员jmdavis在一个电动汽车论坛发帖，汇报自己驾驶特斯拉的体验。他以大约60英里的时速行驶在佛罗里达州的一条高速公路上，特斯拉的仪表板上显示前面有一辆小汽车，因为前方的卡车挡住了他的视线，他没法看到这辆车。突然，尽管前面的卡车并未减速，他的紧急刹车采取了制动。一秒钟后，卡车转向路肩，以避免撞到前方因为道路上有碎片而迅速停下来的车辆。在前方的卡车刹车之前，特斯拉就决定刹车，好让jmdavis有足够的制动距离。jmdavis写道：

> 如果我是手动驾驶，车子不太可能及时停下，因为我看不到前面的车停下来了。特斯拉在前方车辆还没做出反应之时就做出了很好的应对，它启动了紧急刹车，而我自己驾驶的话，恐怕就撞上去了。特斯拉做得很棒，谢谢它救了我的命。

特斯拉刚向旗下的汽车发送了软件更新，允许其自动驾驶仪利用雷达获取车辆前方环境更清晰的图片。尽管，该功能是在汽车处于自动驾驶模式下才发挥作用，但我们很容易设想如下情形：在未来，面对即将发生的事故，汽车将从人类手里接管控制权。美国的汽车制造商已经与交通部达成协议，到2022年，汽车自动紧急制动将成为车辆的标准配置。

很多时候，人工智能和自动化之间的区别很模糊。机器承担整个任务（而不仅仅是预测），就会出现自动化。截至本书的撰写期间，人类仍然需要时不时干预驾驶过程。我们什么时候可以指望实现完全的自动驾驶呢？

在当前阶段，人工智能只指执行单一元素（预测）的机器。其他各项元素都代表着对预测的补充，而随着预测变得越来越廉价，它们会越来越有价值。完全自动化是否有意义，取决于同样执行其他元素的机器所带来的相对回报是高还是低。

不管是针对输入、训练还是反馈，人类和机器都可以根据类型累积数据。人类最终必须做出判断，但人类也可以在预测之前，对判断进行编码，将之输入机器。又或者，机器可以通过反馈来学习预测人类的判断。这促使我们采取某种行动。什么时候让机器（而非人类）采取行动效果更好呢？更微妙的是，机器处理预测的事实在何种情况下会提升对机器执行的回报，而不是提升采取同样行动的人类的回报？我们必须决定机器执行其他要素（收集数据、判断、行动）所带来的回报，好决定该任务是否应该完全自动化。

夜里的太阳镜

澳大利亚偏远的皮尔巴拉地区拥有大量的铁矿石。大多数采矿场跟最近的大城市珀斯的距离都在1000英里以上。矿上所有员工都是飞过来执行高强度的工作，每次轮班会持续好几周。因此，他们理应以工资的方式获得津贴和外勤费。

不足为奇，矿业公司希望趁着他们在工地，最大限度地利用他们。

矿业巨头力拓集团（Rio Tinto）的大型铁矿是高度资本密集型的产业，这不光体现在成本上，也体现在它庞大的规模上。他们从巨大的矿坑（矿坑面积之大，陨石撞击地球也不见得能形成这么大的坑）坑底采集铁矿石。因此，工人主要的工作是用足有两层楼高的卡车把矿石从坑底运上地面，再运到附近的铁路，接着把铁矿石运送到北面数千英里外的港口去。因此，矿业公司的真正成本不是人，而是停工期。

当然，矿业公司试图整夜运转，以改善这一状况。然而，就算是最能适应轮班制的人类员工，在夜里的生产效率也不高。最初，力拓采用可在珀斯远程控制的卡车，解决了部分人力部署的问题。但2016年，它又朝前推进了一步，它采购了73辆可自动运转的无人卡车。这一自动化，已经为力拓节省了15%的运营成本。矿山上的卡车全天24小时满负荷运转，在白天室外温度飙升到50摄氏度的条件下，不需要给它们提供冲凉时间，驾驶室里也不用安装空调。最后，没了司机，卡车就不需要区分前后了，也就是说它们不需要掉头，这从安全、空间、维护和速度上省了更多的成本。

人工智能通过预测卡车路上的危险因素，对它们进入矿坑的路线进行调节。驾驶员不需要在现场甚至远程监控卡车的安全。此外，周围的人类越少，就越不容易带来安全风险。这样的尝试还在向前推进：加拿大的矿工正在探索让人工智能机器人到地下开采，澳大利亚的矿工则努力使从矿坑到港口的整个链条（包括挖掘机、推土机和火车）实现自动化。

采矿是实现全面自动化的绝好机会，因为它已经将人类从很多活动里移除了。如今，人类负责执行具有指导性但极关键的操作。在人工智能的最新进展之前，除预测之外的所有事情都已经能够自动化了。预测机器代表着将人类从诸多任务中移除的最后一步。从前，人类扫描周围的环境，准确地告诉设备做什么。现在，人工智能从传感器获取信息，学习怎样预测路上出现的障碍物并清扫干净。

由于预测机器可以预测道路是否畅通，矿业公司便不再需要人类做这件事了。

如果任务中最后一项人类因素是预测，那么，一旦预测机器能跟人做得一样好，决策者就可以从方程式里移除人类。但正如我们在本章中将要看到的那样，像采矿一样清晰明朗的案例很少。对大多数自动化决策而言，有了机器预测，也不一定意味着移除人类判断并代之以机器决策者是值当的，也不意味着取消人类行为并代之以实体机器人是值当的。

没有思考的时间或必要

预测机器制造了像特斯拉那样的自动驾驶汽车。但使用预测机器来颠覆人类对交通工具的控制权是另一回事。基本原理很容易理解：在预测事故和所需反应之间的短短瞬间，没有可供人类思考或采取行动的时间（"无暇思考"）。反过来说，对车辆的反应编程则相对容易。在对反应速度有要求的时候，把控制权交给机器，回报很高。

使用预测机器时，机器所做的预测必须传达给决策者。但如果预测可直接带来显而易见的行为过程（"无须思考"），那么，在整套重复的指令中保留人类判断的意义就减少了。如果一台机器可以对判断编码，相对容易地处理后续动作，把整个任务都交给机器也就合乎情理了。

这带来了各种各样的创新。2016年的里约奥运会上，一台新的摄像机器人通过在泳池底部找准位置，追踪运动员的动作进行拍摄。此前，同样的过程是靠人为远程操控摄像机来完成的，操作员必须预测运动员的位置。现在，预测机器可以做到这一点了。游泳只是个开始。如今，研究人员正致力于将这种摄像自动化装置应用到篮球等更复杂的运动上。再一次，对速度的需求，再加上可编码的判断，使这一过程可以完全自动化。

2 +

事故预防和无人操作的运动摄像机有什么共同之处呢？两例中，对预测快速做出行动反应都有着很高的回报；判断不是可编码的，就是可预测的。如果机器操作所有功能带来的回报，高于人类参与此过程的回报，自动化就会应运而生。

沟通成本很高的时候也可能会产生自动化。以太空探索为例。发送机器人进入太空，比发送人更容易。现在，好几家公司正在探索从月球上开采有价值矿物质的方法，但它们需要克服许多技术难题。这里，我们着眼于月球机器人怎样导航和行动。无线电信号至少需要两秒才能到达月球并传回，因此，地球上的人类对月球上的机器人进行操作是一个缓慢而痛苦的过程。这种机器人无法迅速对新情况做出反应。如果沿月球表面运动的机器人突然遇到悬崖，通信稍有延迟，恐怕就意味着地球上的指令成了马后炮。预测机器提供了一种解决方案。依靠良好的预测，月球机器人可以自主行动，无须地球上的人类指导每一步。没有人工智能，这种商用探索恐怕无法实现。

当法律要求人类采取行动

完全自动化可能导致危害。这是科幻小说的一个常见主题。就算我们容忍机器的彻底自主，法律恐怕也不允许。艾萨克·阿西莫夫（Isaac Asimov）对监管问题的设想是，为机器人硬性编入三定律，通过巧妙设计来消除机器人对人类造成伤害的可能性。[1]

类似地，现代哲学家也经常提出看似抽象的伦理困境。以电车难题为例：假设你站在开关旁，能把电车从一条轨道切换到另一条轨道。你发现，电车此时所在的轨道上有五个人。你可以将它切换到另一条轨道，这条轨道上有一个人。你

---

[1] 这三条定律如下：一、机器人不得伤害人类，或通过不作为使人类受到伤害；二、除非违背第一定律，机器人必须服从人类的命令；三、除非违背第一和第二定律，机器人必须保护自己。

没有其他选择，也没有时间思考。你会怎么做？这个问题让很多人感到困惑，很多时候，他们会彻底不去思考这个难题。然而，对自动驾驶汽车来说，这种情况是有可能出现的。必须有人解决这一困境，并将恰当的反应编入汽车程序。这个问题无从回避。必须有人（最可能的是法律）决定谁生，谁死。

目前，我们并没有将道德选择编码到自动化机器当中，而是在循环中保留人的位置。例如，假设有一种可以完全自主操作的无人驾驶武器——能完全自主识别、瞄准并击毙敌人。就算军队将领能找到一种预测机器，把平民和作战人员区分开来，作战人员需要多长时间才能找到方法迷惑预测机器呢？预测机器恐怕无法快速地达到规定的精确度。因此，2012年，美国国防部出台了一项规定。在许多人看来，这项规定就是要求在循环中保留人类的位置，让人类来决定是否发起攻击。虽然目前还不清楚是否随时都要遵守这一规定，但不管出于什么原因，对人类干预的需要会限制预测机器的自主性，哪怕它们已经能够自主运行。[1]就算是特斯拉的自动驾驶仪（尽管它完全能够驾驶汽车）也要遵守法律规定：在任何时候，驾驶员都要把手放在方向盘上。

从经济学家的视角来看，这是否有意义，取决于潜在危害的情境。例如，自动驾驶车辆在偏远的矿山或工厂车间运行，跟在公共道路上运行是完全不一样的。"工厂内部"和"开放道路"之间的区别就是可能存在的"外部性"——这是经济学的术语，指的是他人（而非关键的决策者）所感受到的成本。

经济学家对外部性问题有各种解决方案。方案之一是分配责任，让关键的决策者内化这些外部成本。比方说，在内化与气候变化相关的外部性这一背景下，碳税发挥着一定的作用。但对自动机器来说，确认责任方很复杂。机器越是具备对组织外部的事物造成危害（当然，也包括对组织内部的人造成的身体伤害）的潜力，它就越是应该保持审慎，并在法律上要求保留人类在整个循环里的位置。

---

① 例如，若作战时存在时间压力，会有各种条款允许采取别的行动。

当人类采取的行动好过机器

问题：有什么东西是橙色，听起来又类似"parrot"（鹦鹉）？答案是"carrot"（胡萝卜）。

这笑话有趣吗？再看看这个。一个小女孩问父亲："爸爸？所有童话故事的开头都是'很久很久以前'吗？"他回答说："不，有一个系列的童话故事是这么开头的：'如果当选，我保证……'"

哎呀，我承认，经济学家并不是最擅长讲笑话的人。但我们好歹比机器做得好些。研究人员迈克·约曼斯（Mike Yeomans）与其合著者发现，如果人们认为给自己推荐笑话的是一台机器，那么，他们会觉得这个笑话不如人推荐的有趣。研究人员发现，机器其实挺擅长推荐笑话的，但人们就是会倾向于相信这些推荐来自人类。如果听笑话的人以为是另一个人给出的推荐（其实是机器推荐的），他会感到最为满意。

艺术成就和体育比赛也是如此。艺术的力量往往源于赞助者对艺术家的人类经验的认识。观看体育赛事的部分快感有赖于这是一场人与人的较量。就算机器跑得比人类快，但那样一来的比赛结果就不会叫人感到那么兴奋了。

陪孩子玩耍、照料老年人，以及其他许多涉及社交互动的行为，从性质上说，由人来完成大概比由机器来完成要好。就算一台机器知道出于教育的目的该向孩子展示什么样的信息，有时候，由人来完成此种沟通恐怕是最合适的。虽然，随着时间的推移，人类可能会更为接受让机器人照顾我们自己和孩子，甚至可能喜欢上观看机器人体育比赛，但眼下，就某些行为而言，人类还是更喜欢自己来完成。

如果某一行动最适合由人来完成，那么，这样的决定就不会完全自动化。在其他时候，预测是自动化的关键限制条件。如果预测变得足够好，并且可以预先确定收益（不管是靠人来硬编码，还是机器通过观察人的行为来学习），该决定

就会自动化。

 本章要点

Prediction Machines

※ 在任务中引入人工智能，并不一定意味着该任务将完全实现自动化。预测只是组成部分。在很多情况下，人们仍然需要做出判断并采取行动。然而，有时候，判断可能进行硬编码，又或者，如果有足够的例子，机器可以学习预测判断。此外，机器可以执行该行为。一旦机器执行任务中的所有部分，任务就完全自动化，循环中将彻底取消人的位置。

※ 最有可能首先实现完全自动化的任务是全自动化能带来最高回报的那些任务。这就包括以下情况：（1）除了预测之外的其他部分已经自动化（例如挖掘）；（2）快速响应预测的行为能带来高回报（如无司机的车辆）；（3）缩短预测等待时间带来的回报高（如太空探索）。

※ 在城市街道上运行的自动驾驶汽车和在矿区内运行的自动驾驶汽车有一个重要的区别，那就是前者可带来显著的外部性，后者不会。在城市街道上运行的自动驾驶车辆可能会导致意外，而且代价由决策者之外的人承担。相比之下，在矿场运行的自动驾驶车辆引起的事故，只会影响到与矿场相关的资产或人员。政府对产生外部性的活动进行监管。故此，对能产生显著外部性的应用而言，监管是完全自动化的潜在障碍。为解决这个问题，经济学家常常采用分配责任这一常用工具，内化外部性。我们可以预期，随着大量新领域对自动化的需求越来越高，与责任分配相关的政策将迎来一股发展浪潮。

第三部分

工 具

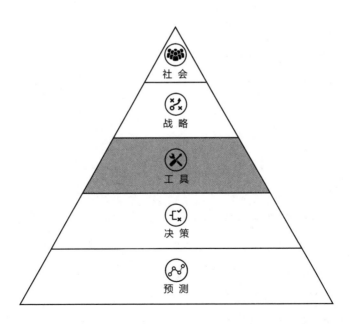

社 会

战 略

工 具

决 策

预 测

第 **12** 章

解构工作流程

在信息技术革命当中，企业问："我们应该怎样在业务中贯彻计算机的应用？"对一部分企业来说，答案很简单："找到要做计算的地方，用计算机代替人；计算机更快、更好、更廉价。"但对其他企业而言，答案就没这么一目了然了。尽管如此，它们还是做了实验。但是这些实验的成果需要时间来呈现。诺贝尔经济学奖得主罗伯特·索洛（Robert Solow）感慨道："你到处都能感受到计算机时代，除了在生产力数据方面。"

伴随这一挑战，出现了一场名为"工程再造"（reengineering）的有趣的商业运动。1993年，迈克尔·哈默（Michael Hammer）和詹姆斯·尚皮（James Champy）在《再造企业》（*Reengineering the Corporation*）一书中指出，为使用计算机这一多用途的新技术，企业需要从整个流程中退后一步，并勾勒出自己想要实现的目标。接下来，企业需要研究工作流程，确定实现目标所需的任务，最后再考虑计算机在这些任务中能否发挥作用。

哈默和尚皮最喜欢的一个例子是福特公司20世纪80年代所面临的困境。他们在制造汽车上没问题，但在付款方面很成问题。在北美，福特公司负责应付账款的部门雇用了500人，希望通过花大价钱采购计算机将这个数目削减20%。只留400名员工在该部门并非不切实际，毕竟，其竞争对手马自达公司就只有5名员工负责应付账款事宜。当时，即20世纪80年代，许多人震惊于日本工人的生产效率，哪怕不是管理专家，也能看出事情存在很大的改进空间。

为了实现更好的业绩，福特公司的经理们必须退后一步，观察采购的整个过程。从签好一笔采购订单到实际核准采购某物期间，很多人得参与其中。只要有一个人花了很长时间完成任务，整个系统的速度就会放慢。毫不奇怪，一些采购会很棘手，例如有人不得不重新调整订单。必须有一个人来完成这项任务。因此，哪怕只有一小部分订单出了问题，这个人也得耗费大量时间来解决这些问题。这就使得每一笔订单都得按照最棘手的订单的速度来完成。

这就带来了可供计算机大展手脚的空间。计算机不仅可以减少系统失调的概率，还可以把棘手的订单筛选出来，让更容易的订单以合理的速度完成。等到新系统就绪，福特公司的应付账款部门缩小了75%，整个流程快多了，也准确多了。

并非所有的工程再造案例都跟裁员相关，虽然遗憾的是，许多人一开始就会想到它。更宽泛地说，工程再造能够提高服务质量。另一个案例来自互惠人寿保险公司。该公司发现，在处理申请的过程中，5个部门的19个人花了30个不同的步骤。如果你带着一份标准的申请文书来走这栋迷宫，实际上你可以一天就完成。但处理一份申请往往要花5到25天。为什么呢？交接时间。更糟糕的是，各种各样其他的低效因素也会逐渐卡在那个移动缓慢的目标上。背靠企业计算机系统的共享数据库再一次改进了决策，减少了处理时间，显著提高了生产率。到最后，一份申请只需要一个人的权限就够了，处理时间缩短到了4小时至几天之间。

像传统计算机一样，人工智能是一种多用途技术。它有着影响所有决策的潜力，因为预测是制定决策的关键输入。因此，只是在一个问题或现有流程上"洒点人工智能"，管理者是不可能实现生产力的大幅提升的。相反，人工智能是一种需要（像哈默和尚皮那样）重新思考流程的技术。

企业已经展开了分析，将工作流程分解成一项项任务。高盛公司的首席财务官R. 马丁·查维斯（R. Martin Chavez）表示，首次公开募股流程中有146项不同的任务，许多都"亟待自动化"。这146项任务里有不少都是对决策的预测，人工智能可显著提高这一进度。如果有人要撰写10年后高盛的转型，故事的重头戏一定是人工智能的崛起怎样在转型中发挥了重要作用。

人工智能是通过工具的开发得以实际贯彻的。人工智能工具设计的单位不是"工作""职业"或"策略"，而是"任务"。任务是决策的集合（如第二部分中的图7-1及分析），决策以预测和判断为基础，依靠数据获得信息。任务中的决策往往有着这些共同元素，它们之间的区别在于其后的动作。（见图12-1）

有时我们能够将一项任务内的所有决策自动化。又或者，随着预测的提升，我们可以把任务中残留的尚未自动化的任务进行自动化。预测机器的崛起激发了

图12-1

思考如何重新设计整个流程并使其自动化

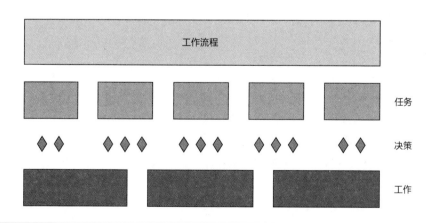

人们的思考：怎样对工作流程重新设计并使其自动化，从此类任务中有效地剥离人类。但仅有更好、更廉价的预测还不能带来完全的自动化，采用预测机器还必须提高机器在任务的其他方面所带来的回报。否则，你会希望人类决策者与预测机器协同工作。

人工智能工具对工作流程的影响

颠覆性创新实验室在帮助科技公司成长的过程中不断发展壮大，如今已入驻150多家人工智能公司。每家公司都专注于开发一种人工智能工具，以解决特定工作流程中的特定任务。一家初创公司预测文件中最重要的段落并高亮标出。另一家预测生产瑕疵并打上标记。还有一家预测恰当的客户应答和查询答案。这样的例子不胜枚举。大公司正在应用数百甚至上千种不同的人工智能工具，以提升工作流程中各项任务的执行效率。事实上，谷歌正在开发1000多种不同的人工智能工具，帮忙执行从发送电子邮件到翻译，再到驾驶等范围极广的任务。

对许多企业而言，预测机器将产生影响力，只不过是以渐进的、几乎不起眼的方式，就跟人工智能给你手机上许多照相软件带来的改善差不多。它对照片做了有益的筛选，但不会从根本上改变你使用软件的方式。

但是，你阅读本书，很可能是因为你有意了解人工智能将怎样给你的企业带来根本性的变化。人工智能工具可以通过两种方式改变工作流程。首先，它们可以淘汰任务，将之从工作流程中移除。其次，它们可以添加新的任务。这将视企业和工作流程而定。

以MBA课程的招生问题为例。这个流程我们非常熟悉。你或许也充当过甲方或乙方，经历过类似的招生（也可能是招聘员工或签约客户）流程。MBA的招生工作流程以一群申请人开始，到这群人中的一部分获得了录取书，并答应到学校就读时结束。它大致分为三个部分：（1）一个能体现如何吸收更多申请者的销售漏斗；（2）一套斟酌录取哪些人的流程；（3）进一步鼓励被录取者答应就读的步骤。每个部分都涉及重要的资源分配。

显然，任何此类招生任一环节的目标都是获得一个班级中的优等生。然而，什么是"优等"，这是个很复杂的问题，它关系到学校的战略目标。就此刻的讨论而言，我们先不管"优等"的不同定义对人工智能工具的设计会有什么影响（当然有影响），也不管它对工作流程中的任务有什么影响，只简单地假定，"优等"对组织有什么意义，学校有着明确的定义。也就是说，在相关的应用程序里，学校可以按"优等"的条件对学生排序（当然要费上些工夫）。在实践中，招生工作流程的中间步骤（选择哪些申请人发出录取书）涉及一些重要决策：在录取过程中，录取书应该早些发出，还是迟些发出；录取书是否附带经济上的奖励或帮助？这些决策不仅仅锁定了优等生，也是预测让最佳候选人接受录取邀约（这件事，发生在工作流程靠后的阶段）的最有效的方法。

当前的排名应用系统只包括了粗略的评估。候选生源通常会按a、b、c三类来排名；a等学生应该录取；如果a等学生拒绝学校的邀约，就录取b等学生；c等学生完全不该录取。这反过来带来了风险管理的需求，以对有可能提高失误率的行为进行利弊权衡。比方说，你不希望，由于应用程序里某个不明显的原因，就把某个本该属于a等学生的人放到c等或者b等里。同样，你也不希望把某个在排序列表中位置较低的人划分成a等。由于应用程序是多维度的，把候选学生放到哪一类里进行评估，混合了多种主客观条件。

假设MBA项目开发了一种人工智能工具，它可以既纳入申请材料又能获取申请人的其他信息（比如人们常常提交的面试视频，以及社交媒体上张贴的公开信息等），将往届申请人的申请材料和额外信息转化为其在候选排名中的得分，利用这些往年的数据对人工智能工具进行训练，以此呈现所有申请人的高低名次。这种人工智能工具会让筛选出发出录取书的申请人这一过程变得更快速、更廉价、更准确。关键问题是：这样一种神奇的预测技术，对MBA招生流程的其余部分有什么样的影响呢？

我们假设的这一给申请人排名技术生成了预测，告诉我们哪些申请人有可能是优等生，这将影响整个工作流程里的决策。这就包括提前录取（或许先于其他学校的录取工作）、经济奖励（奖学金）和特别关注（与教职工或著名校友共进午餐等）。这些决策都需要权衡，并且涉及稀缺资源。从合意度上说，拥有一份更准确的候选人名单能改变什么人将获得这些资源。此外，对那些我们更有把握成为优等生的候选人，我们可能愿意花更多的钱对其提供经济奖励。

学校在收到就读申请之前所做的决定或许会更受预测排名的影响。许多学校都知道，一方面，他们想要收到更多的就读申请，但如果收到的申请太多，就要面临评估和排名的问题。我们的预测机器大大降低了完成此类排名的成本。因此，它提升了找更多申请人进行排名的回报。如果相关技术也可以评估申请人的态度是否诚恳（既然这是一种神奇的技术，为什么不这么做呢？），那就更是这么回事了。于是，学校或许会扩大申请人的范围。他们可能会将申请费用降为零，因为通过应用程序进行排名很容易，接收更多的就读申请没有实际成本。

最后，工作流程上或许会出现更为根本性的变化。有了这样的排名，学校可以缩短提交申请和发出录取书之间的时间。如果排名足够好，可能眨眼的工夫即可完成，这将显著改变整个工作流程的时间安排，以及顶尖MBA候选人之间的竞争动态。

这款人工智能工具是虚构出来的，但本例旨在说明，在工作流程的任务环节投入人工智能工具，既可能消除任务（比如对申请人进行人工排名），也可能增加任务（比如进行大范围的招生宣传）。当然，每一家企业会有不同的结果，但通过分解工作流程，企业可以评估预测机器是否有可能突破它起初被设计出来要做的单个决策。

人工智能工具怎样为 iPhone 键盘提供技术支持

在一个特定的层面上，较之你个人电脑上使用的键盘，智能手机上的键盘跟最初的机械打字机反倒有更多的共同点。如果你足够年长，用过机械打字机，你大概记得，如果打字太快，机器会卡住。出于这个原因，键盘有了人们熟悉的QWERTY布局；这一设计标准限制了两个相邻键撞到一起（这是老式机械打字机卡死的原因）的可能性。但有了这一功能，就连打字速度最快的打字员也会被放慢速度。

就算导致麻烦的机械问题已经不存在了，QWERTY设计仍延续了下来。苹果工程师设计iPhone时，争论过是否要放弃QWERTY布局。可从熟悉感考虑，他们最终还是保留了它。毕竟，他们当时最强劲的竞争对手黑莓手机自带QWERTY实体键盘，它表现极佳，打起来啪啪作响，叫人上瘾。

iPhone上"最重大的科学项目"是软键盘。但是直到2006年（iPhone于2007年推出），键盘的表现都非常糟糕。它不仅不能跟黑莓一较高下，还极其难用，没人用它来发短信，更别说写电子邮件了。问题出在，为了适应4.7英寸的液晶显示屏，每个键都被设计得很小。这意味着你很容易敲错。于是，许多苹果工程师拿出了放弃QWERTY键盘的设计方案。

只剩三周时间寻找解决方案时——如果找不到办法，整个项目都会流产——iPhone的每一名软件开发人员都获得了自由探索出路的权限。三周快结束的时候，他们拿出了一种像是小型QWERTY键盘的东西，只是做了很大的调整。尽管用户看到的图形没有改变，可打字时，一组特定键的表面区域会放大。当你输入"t"的时候，下一个字母很可能是"h"，因此"h"键所在的区域会放大。输入"h"之后，"e"和"i"又会相应放大，以此类推。

这是人工智能工具在工作中发挥的作用。苹果公司的工程师使用了2006年的机器学习方法来建构预测算法（基本上领先于其他任何人），让键的大小随着人输入的字母而变化。你如今看到的文本自动修订功能也来自这一技术源流。但从根本上说，这么做能生效原因还是在于QWERTY的分布。这种键盘布局能保证你不会误按相邻键，这才使得智能手机上的键能在必要时放大，因为下一个键与你才敲击过的键相邻的概率很低。

苹果工程师在开发iPhone时，精确地理解了键盘使用涉及的工作流程。用户必须找到某个按键，点击它，然后转到下一个按键。分解这一工作流程后，他们意识到，键不一定非得被人们找准然后点击。更重要的是，预测能够解决用户接下来要前往哪里的问题。理解工作流程对弄清怎样最好地部署人工智能至关重要。这对所有工作流程都成立。

 本章要点　　　　　　　　　　　　　*Prediction Machines*

※ 人工智能工具是定点解决方案。每一种工具都能生成一种特定的预测，按照设计，大多数工具只执行一项特定的任务。许多人工智能初创公司都是围绕一种人工智能工具成立的。

※ 大企业是由将输入转化为输出的工作流程组成。工作流程由任务构成（例如，高盛的首次公开募股是一道由 146 项不同任务构成的工作流程）。在决定如何贯彻人工智能时，公司会把工作流程分解为任务，预估投资回报率，以确定是开发人工智能还是购买人工智能来执行每一项任务，并按投资回报率对人工智能进行排序，接着从清单的最顶端开始，一路朝下走。有时候，公司可以简单地在

工作流程里安插一套人工智能工具，提高该任务的生产效率而实现直接收益。然而，大多数情况并非如此简单，需要重新思考应用人工智能工具带来的真正益处，或对整个工作流程进行"工程再造"。因此，与个人计算机革命类似，在许多主流企业，人工智能带来的生产力收益要过些时间才看得出来。

※ 为了说明人工智能对工作流程的潜在影响，我们描述了一款虚构的人工智能工具，它能预测所有 MBA 申请人的排名。为了从这台预测机器中获得全部好处，学校必须重新设计其工作流程。这就需要把人工排序的任务取消，并且扩大该 MBA 课程的营销范围，因为人工智能会提高申请人范围扩大所带来的回报（对什么人能成功做出更好的预测，降低评估申请人的成本）。学校将修改奖励举措（如奖学金和经济补助），并提高潜在优等生的入学率。最后，学校还会调整工作流程的其他环节，善加利用能提供即时的录取决策所带来的优势。

第 **13** 章

分解决策

今天的人工智能工具与科幻小说里有着类人类智慧的机器（它们通常被称为"通用人工智能"，或AGI，或"强人工智能"）相去甚远。目前这一代人工智能可提供预测工具，除此之外提供不了什么了。

对人工智能的这种看法并未对其造成损害。正如史蒂夫·乔布斯所说："人和高等灵长类动物的区别就在于，我们制造工具。"他举了自行车的例子，认为这种工具让人在机动性上获得了超能力，超过了其他任何物种。他认为计算机也一样："在我看来，计算机是我们制造出来的最了不起的一种工具，计算机就像是我们大脑的自行车。"

今天，人工智能工具可以预测言语的意图（如亚马逊的Echo），预测命令型文本（如苹果的Siri），预测你想要购买的东西（如亚马逊的推荐页面），预测哪些链接能把你带到你寻找的内容上（如谷歌搜索），预测何时踩下刹车以避免危险（如特斯拉的自动驾驶仪），预测您接下来想要阅读的新闻（如Facebook的新闻推送）。这些人工智能工具无一能执行完整的工作流程。相反，它们每一种提供的都是预测的内容，以方便人们做出决定。人工智能增强了人的能力。

　　但你怎么才能确定是否应该用人工智能工具来执行企业中的特定任务呢？每一项任务的核心都牵涉到一组决策，而这些决策都包括了一些预测要素。

　　我们提供了一种方法，可将人工智能放到任务所在的背景下进行评估。一如我们建议分解工作流程以确定任务，以此查看人工智能能否在任务中发挥作用，我们现在还想建议：将每一项任务再分解成更小的构成要素。

人工智能画布

　　颠覆性创新实验室让我们接触到了许多初创公司，它们利用最新的机器学习技术来创建全新的人工智能工具。实验室里的每一家公司都开发出了一种具体的工具来进行预测，有一些针对的是消费者体验，但大多数针对的是企业。后一类企业侧重于识别企业工作流程中的任务机会，好让自家产品以此为目标，进行精准定位。它们解构工作流程，识别出一项包含预测要素的任务，然后开发工具进行预测，进而以这一工具作为公司的立足之本。

　　我们在为这些公司提供建议的时候发现，把决策的各个部分分解为单独的要素很有帮助（参考图7-1）：预测、输入、判断、训练、行动、结果和反馈。在此过程中，我们设计出一种"人工智能画布"来帮忙分解任务，以期理解预测机器的潜在作用（见图13-1）。画布可以是思考、构建和评估人工智能的辅助工具，它为识别一项任务的决策中所包含的各个组成部分提供了指导方针，它逼得人在描述每一组成部分时保持头脑清晰。

　　为了理解它的运作原理，让我们来看看初创企业Atomwise，该公司提供一种旨在缩短开发潜在药物的时间的预测工具。有望成为药物的药物分子可能存在数百万种，但逐一购买并进行测试既耗时又费钱。制药公司怎样判断该检测哪一种

图13-1

人工智能画布

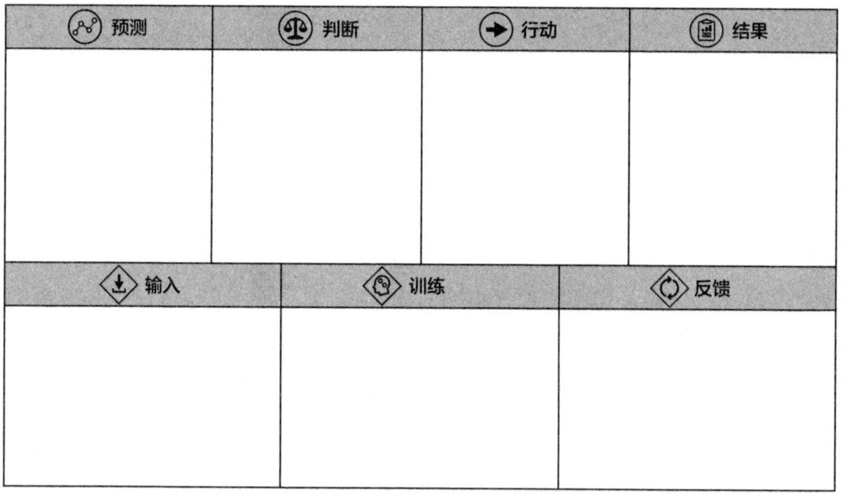

呢？它们根据研究来观察哪一种分子有最大概率成为有效药物，并以此做出合理的猜测或预测。

Atomwise的首席执行官亚伯拉罕·海费茨（Abraham Heifets）给了我们一个快捷且科学的解释："一种药物要能发挥作用，必须跟目标疾病相结合，同时一定不能跟你肝脏、肾脏、心脏、大脑里的蛋白质，以及其他会导致毒副作用的东西相结合。简而言之，'能粘上你想要它粘上的东西，且不粘上你不想让它粘上的东西'。"

所以，如果制药公司能够预测结合亲和力，那么，它就能够识别哪些分子最有可能发挥作用。Atomwise设计了一种人工智能工具来进行这一预测，让识别潜在药物的任务变得更高效了。该工具使用人工智能来预测分子的结合亲和力，因此Atomwise可以向药物公司推荐哪些分子对病毒蛋白质有着最佳结合亲和力，并按高低顺序列出清单。例如，Atomwise或许可以提供跟埃博拉病毒有着最高结合亲和力的前20种分子。Atomwise的预测机器可以同时处理数百万种可能性，而不是一次只检测一种分子。虽然制药公司仍然需要结合人类与机器的判断和行动来检测、校验候选的分子，但Atomwise的人工智能工具大大降低了成本，加快了找到这些候选分子这一首要任务的进度。

判断什么时候出现？在识别特定候选分子对制药产业带来的总价值时。这一价值分为两种形式：靶向疾病，并理解潜在副作用。在选择分子进行检测的时候，制药公司需要判断靶向疾病后带来的回报，以及副作用带来的代价。海费茨指出："你对化疗副作用的容忍度，比对痤疮膏副作用的容忍度高。"

Atomwise的预测机器从结合亲和力数据中学习。截至2017年7月，它在结合亲和力方面有了3800万个公共数据点，此外还有比这更多的通过购买或自学的数据点。每个数据点由分子和蛋白质特征，以及使这两者结合的方法组成。随着Atomwise给出更多推荐，它可能会得到客户的进一步反馈，预测机器将继续改进。

有了蛋白质特征的数据，Atomwise可以借助这台机器来预测哪些分子具有最高的结合亲和力。这台机器还可以通过蛋白质特征的数据来预测从未出现过的分子是否有可能具备高结合亲和力。

要对Atomwise筛选分子这一任务进行分解其方法是填写画布（见图13-2）。这意味着确定以下内容：

- 行动：你想要做什么？对于Atomwise，它想要测试分子，帮助治疗或预防疾病。
- 预测：你需要了解哪些事情才能做出决策？Atomwise预测潜在分子和蛋白质的结合亲和力。
- 判断：不同的结果和失误对你来说有多重要？Atomwise及其客户为靶向疾病的相对重要性和潜在副作用的相对成本设定了标准。
- 结果：你对任务成功的指标是什么？对Atomwise而言，这一指标就是测试

图13-2

Atomwise公司的人工智能画布

🔗 预测	⚖️ 判断	➡️ 行动	🏛️ 结果
结合亲和力	权衡病毒蛋白质的结合亲和力与潜在副作用	进行检测（昂贵）	检测结果（成功的检测能带来新的治疗药物）

⬇️ 输入		🔧 训练	↻ 反馈
蛋白质特征		过往研究中分子和蛋白质的结合亲和力，以及分子和蛋白质的特征	根据其推荐所获得的关于结合亲和力的新数据

的结果。归根结底，测试能不能带来新药？

● 输入：你需要哪些数据来运行预测算法？Atomwise使用关于疾病蛋白质特征的数据来预测。

● 训练：你需要哪些数据来训练预测算法？Atomwise使用分子和蛋白质的结合亲和力，以及分子和蛋白质特征的数据。

● 反馈：怎样运用结果来改进算法？Atomwise使用测试结果（不管测试是否成功）来改进未来的预测。

Atomwise的价值主张在于，提供一种人工智能工具，使它能够进行预测任务，为客户发现药物这一工作流程提供支撑。它移除了人类手中的预测任务。为了提供这一作用，公司积累了一套独特的数据集来预测结合亲和力。预测的价值在于降低成本，提高药物开发的成功率。Atomwise的客户公司的专家会对与不同类型蛋白质有着不同的结合亲和力的分子所带来的收益做出判断。他们会将预测和判断相结合。

人工智能画布之 MBA 招生

人工智能画布在大型组织中也很有用。为了应用它，我们将工作流程分解成任务。我们现在假设，人工智能画布的重点是决定招收哪些MBA申请人就读。图13-3是一张合乎此情境的画布。

画布从哪里来？首先，招生需要做出预测：谁将成为优等或高价值学生？这看似直截了当，我们只需要对"优等"进行定义即可。学校的招生策略可以帮忙确认这一点。然而，许多组织都有着模糊和多面向的使命宣言，放在宣传手册上

图13-3

人工智能画布之MBA招生

🔗 预测	⚖️ 判断	➡️ 行动	🏛️ 结果
预测申请人能否在毕业10年后跻身最具影响力校友50强之列	权衡50强带来的价值，将它与招收了假阳性人选（即误招了非50强人选）的成本、假阴性人选（即错失了50强人选）产生的成本，以及未曾瞄准非50强人选带来的成本三者进行对比	接受申请人参加课程	高质量的校友（以毕业10年后学生在全球的影响力作为指标）

⬇️ 输入	🎓 训练	🔄 反馈
=申请表 =简历 =GMAT成绩 =社交媒体 =结果（影响指标）	=申请表 =简历 =GMAT成绩 =社交媒体	根据申请人及其事业发展结果每年进行一次更新

很合适，但用来确定人工智能的预测目标就不太好用了。

商学院有许多策略可以对"优等"的含义做出或明或暗的定义。它们可以是一些简单的指标，比如最大化标准化考试（如GMAT）成绩，或较为宽泛的目标，如所招学生能否提升学校在《金融时报》（*Financial Times*）《美国新闻与世界报道》（*US News & World Report*）等媒体上的排名。它们也可能希望学生具备一系列可定量和定性的技能。又或者，它们想要国际化、多样化的学生。任何学校都不可能同时追求所有这些目标，因此，它们必须有所选择。要不然，学校选的人就会样样平庸，无一擅长之处。

在图13-3中，我们假设，学校的战略是在全球范围内对企业发挥最大影响。这一主观概念是战略性的，因为它是全球性的而非地方性的，而且着眼于影响力，而非最大化学生的收入，或者创造财富。

为了让人工智能预测全球企业影响力，我们需要对它进行测量。这里，我们充当了回报函数工程师的角色。我们拥有的哪些训练数据可以充当全球企业影响力的代表？选择之一是找出每个班级最优秀的校友——每年选出影响力最大的50名校友。当然，选择哪些校友靠的是主观评判，但并非做不到。

虽然我们可以把全球企业影响力设定为预测机器的目标，但招收特定学生带来的价值则是个判断问题。如果我们对一个不够格的申请人做了错误的预测，以为他能跻身精英校友之列，让这个人入学的代价有多大？如果，我们对一个优秀的申请人做了错误的预测，认为他没有潜力，而拒绝这个人入学，其损失又是多大？对这种权衡的评估，就是"判断"，这是人工智能画布中的一个明确要素。

一旦我们指定了预测的目标，确定所需的输入数据就很简单了。我们需要新学生的申请信息，以预测他们将来的表现如何。我们还可以使用社交媒体。随着时间的推移，我们将观察到更多学生的职业成果，并根据这些反馈来改进预测。只有确定了我们的目标，判断了犯错的成本，预测才能告诉我们该接受哪些申请人。

本章要点   *Prediction Machines*

※ 需要对任务进行分解，以观察可以在什么位置安放预测机器。它让你可以评估预测增强带来的收益，以及生成该预测要付出的成本。一旦你做出了合理的估计，按投资回报率从高到低对人工智能进行排序，只要预期的投资回报率合理，就可采用人工智能工具。

※ 人工智能画布是一种帮助我们分解流程的方法。针对每一个决策或任务，填写人工智能画布。这为整个过程引入了规则和结构。它迫使你弄清楚你所需的三类数据：训练、输入和反馈，并且准确地阐述需要预测的是什么，为评估不同行动和结果、行动的可能性以及结果的可能性之间相对价值所需的判断。

※ 人工智能画布的中心是预测。你需要确定位于任务核心的关键预测，这可能需要人工智能洞见。为回答这个问题，领导团队常常展开事关企业生存的讨论："我们的真正目标到底是什么？"预测需要的是使命宣言中少有的具体性描述。比方说，对一所商学院来说，说他们宣称自己专注于招收"优等生"是件很容易的事，但为了将预测具体化，我们就需要具体地定义"优等"一词：是就业时获得最高的薪水，还是最有可能五年内就当上 CEO？是多样性，还是毕业后最有可能为学校捐款？即便是看似直接浅显的目标，如利润最大化，也并不像它看起来的那么简单。我们该预测采取行动能最大化本周、本季度、本年度还是最近十年的利润？很多时候，公司发现自己不得不回归基本，重新调整自己的目标，明确自己的使命宣言，以此作为实施人工智能战略的第一步。

第 **14** 章

重新设计工作岗位

在人工智能和互联网出现之前，计算机爆发了革命。计算机让计算（尤其是把许多东西加起来的过程）变得廉价了。使簿记工作简便化的软件，属于第一批杀手级应用。

计算机工程师丹·布里克林（Dan Bricklin）在攻读工商管理硕士学位时，为了评估哈佛商学院案例中的不同情景，他需要没完没了地做运算，对此他感到无比沮丧。就在这时，他想到了计算机的这一功能。于是，他编写了一套计算机程序来执行运算，发现它用处太大了。他跟鲍勃·弗兰克斯顿（Bob Frankston）一起，为Apple Ⅱ开发出了VisiCalc。VisiCalc是个人计算机时代的第一款杀手级应用程序，也是许多企业第一次将计算机搬进办公室的原因。它不光将运算时间减少到了原来的百分之一，还使企业得以分析更多的场景。

当时，负责执行计算活动的是簿记员，全美有超过40万人从事此工作。电子表格把他们耗时最多的事情——做算术消除掉了。你大概以为簿记员会失业。然而，我们从来没听到过哪首歌是在哀叹簿记员丢了工作的，也没有过簿记员奋起反抗，阻碍电子表格最终的普遍应用。为什么簿记员并不将电子表格视为威胁呢？

因为VisiCalc实际上提升了簿记员的价值，它让计算变得简单了。你可以很轻易地计算出自己可能得到的利润，以及如果你改变不同的前提条件，利润会出现怎样的变化。它能够反复重新计算，提供企业的动态图，而不只是概况。你不但能看出一项投资赚不赚钱，还可以比较不同预测下的多项投资，进而选择其中的最佳者。总得有人来判断哪些投资值得一试。电子表格能轻松为你提供答案，在此过程中，它还能极大地提高"提出恰当的问题"所带来的回报。

同一批人，在电子表格出现之前，辛辛苦苦地计算答案；在电子表格出现之后，成为向计算机电子表格提出恰当问题的最佳人选。他们没有遭到取代，反而像获得了超能力，变得更强了。

这类情形（即机器接管部分而非全部任务时，工作的效益反而增加了）可能会越来越普遍，它是人工智能工具得到应用后的一种自然结果。工作的任务构成将会被改变。随着预测机器的接管，一部分任务会被移除，另一些任务则会因为人们有了更多时间去做而变多。此外，对很多任务来说，从前的基本技能会发生改变，新的技能将取而代之。就像簿记员成了电子表格高手那样，人工智能工具的诞生将导致大范围内的工作岗位得到重新设计，这将产生同样戏剧化的结果。

我们应用人工智能工具的过程将决定你应该侧重哪个结果。它包括对整个工作流程进行评估，无论它们是岗位内的，还是跨岗位的（甚至跨部门或跨机构的），然后将工作流程拆解为各个任务成份，并观察你能不能在这些任务中充分利用预测机器。接下来，你必须将任务成份重组成不同的岗位。

自动化里缺失的环节

在某些案例中，人们的目标是把与某一岗位相关的每一项任务都自动化。人工智能工具不太可能单靠自己就成为这一进程的催化剂，因为那些有望实现完全自动化的工作流程涉及一系列无法（轻易）回避的任务，哪怕是起初看起来技术含量不高也不重要的任务。

1986年，"挑战者"号航天飞机失事，事故原因是，火箭助推器里的一个零件失效了，这是一枚直径不到半英寸的O形密封圈。这个零件失效了，意味着航天飞机不能飞了。当一项任务完全自动化时，一个失效的零件就有可能让整个航天实验脱轨。你需要考虑每一步。这些小任务有可能是自动化里极困难且缺失的环节，从根本上阻碍了人们对工作岗位的改造。因此，能够处理这些缺失环节的人工智能工具能够带来实质性的效果。

以仓储行业为例，过去20年，网上购物快速增长，该行业也飞速发展。仓储是零售业（尤其是电子商务）的核心环节。它指的是商家接到订单后，找到货品，并将之配送至特定客户的过程。在电子商务中，仓储包括多个步骤，例如在大型仓库设施中定位物品，从货架上取下物品，进行扫描以便管理库存，将它们放进包装盒、装箱、标记箱子，以及将它发送到配送环节。

机器学习的许多早期实践都与库存管理有关：预测哪些产品会卖出，哪些因需求低而不需要重新订货，等等。这些已确立的预测任务数十年来一直是线下零售和仓储管理的关键部分。机器学习技术让这些预测变得更好了。

过去20年，订单交付过程的大部分环节都得到了自动化。例如，研究发现，履单中心的工作人员会把半数以上的工作时间用于在仓库中来来回回查找物品，和把它们放进包装盒上。于是，几家公司开发了一种自动化流程，把货架传送到工人身边，以减少工人的行走时间。2012年，亚马逊以7.75亿美元收购了该领域的领头公司Kiva，并逐渐不再向Kiva原有的其他客户提供服务。其他供应商随后出现，以满足内部履单中心和第三方物流公司日益增长的需求。

尽管自动化程度很高，履单中心仍然雇用了大量员工。基本上，虽然机器人可以将物品送到人身边，但仍然需要有个人来"分拣"，也就是说，需要弄清楚什么东西到了什么地方，接着把物品拿起来，移动它。最后一点的挑战性最大，因为抓握其实非常困难。只要人类还在发挥这一作用，仓库就无法完全利用自动化的潜力，因为仓库需要维持对人类友好的环境：正常室温，有行走空间、休息室、洗手间、防盗窃的监控设施，等等。这些都是不小的开销。

人类将继续在履行订单的过程中发挥作用，是因为我们在抓握方面（伸手、把东西拾起来、放到别处）有着相对更好的表现。迄今为止，这项任务没有实现自动化。

因此，在繁忙的节假日，仅亚马逊就聘用了4万名全职分拣工和数万名兼职人员。人类分拣工每小时大约可进行120次分拣。许多处理大批量订单的企业都想使分拣的环节自动化。过去四年，亚马逊主办了亚马逊分拣挑战赛（Amazon Picking Challenge），聚焦于非结构化仓库环境下的自动化分拣，激励全世界最优秀的机器人团队来解决老大难的抓握问题。尽管来自麻省理工学院等机构的顶尖团队已经着手研究这一问题，其中许多团队还使用了先进的工业级机器人设备（分别来自百特、莫托曼、优傲、ABB、PR2和Barrett Arm），然而，截至本书撰写时，他们仍未在工业用途层面找到一个满意的解决方案。

机器人完全能胜任汽车组装或飞机驾驶的工作。那么，它们为什么不能在亚马逊的仓库中拾起物品并将之放到盒子里呢？相比起来，这项任务看起来太简单了。机器人能够组装汽车是因为汽车零件高度标准化，组装过程也十分常规。然而，亚马逊仓库里的非矩形物品有着几乎数不尽的形状、尺寸、重量和硬度，它们摆在货架上，位置和朝向还各有不同。换句话说，仓库分拣问题有着数量无限的"如果"，而汽车组装厂里的抓取动作则经过设计，只执行极少的"如果"。因此，要在仓库环境下分拣，机器人必须能够"看到"物品（分析图像），预测合适的角度和压力，以便承托物体，不让它掉在地上或压碎它。这也就是说，预测是抓取履单中心里各种各样物体的基础。

针对抓取问题的研究借助了强化学习来训练机器人模仿人类。总部位于温哥华的初创公司Kindred的创办人是苏珊娜·吉尔德特（Suzanne Gildert）、乔迪·罗斯（Geordie Rose），以及一支包含本书作者之一（阿杰伊）的团队。该公司正使用一台名叫"Kindred Sort"的机器人。该机械臂结合了自动化软件和人类操作员。自动化软件负责识别物体，并判断它需要去的地方，而人类则戴着虚拟现实头盔，操作机械臂，拾起并移动物体。

在第一次迭代中，人可以坐在远离仓库的地方，填补履单工作流程的缺失环节，即远程操作机械臂，判断接近的角度和抓取的力度。不过，长期来看，Kindred正在通过远程操作预测机器来观察人类的抓取，从而教会机器自己完成这部分任务。

我们应该停止培养放射科医生吗

2016年10月，在我们举办的关于机器智能的颠覆性创新实验室年会上，深度学习神经网络先驱杰弗里·欣顿（Geoffrey Hinton）站在舞台上，对着600名观众宣称："我们现在应该停止培养放射科医生了。"放射科医生工作的一个关键部分是解读图像，检测是否存在异常（异常往往暗示了疾病）。在欣顿看来，人工智能很快就能比任何人都擅长识别图像中有着医学意义的物体了。自20世纪60年代初，放射科医生们就在担心机器会取代自己。今天的技术有哪些不同呢？

机器学习技术在预测缺失的信息（包括识别和确认图像中的项目）方面表现得越来越好。获得一组新图像后，这些技术可以有效地对比数百万个过往案例（包括有疾病的和无疾病的），并预测新图像是否暗示了疾病的存在。这种预测疾病的图像识别就是放射科医生正在做的事情。

IBM及其沃森（Watson）系统，还有许多初创公司，都已经有了可用于放射学领域的商用人工智能工具。沃森可以识别出肺栓塞和一系列心脏问题。初创公司Enlitic[①]利用深度学习来检测肺结节（这种做法很常见）和骨折（更复杂）。欣顿预言的核心便是这些新工具，但在放射科医生和病理学家中，它们却不过是讨论的话题。

我们的方法对放射科医师的未来有什么样的暗示呢？放射科医生将花更少的时间解读图像。根据对主治医生和放射科医生的采访，以及对既定经济原理的了解，在医学成像领域，人类专家将继续发挥以下若干关键作用。

第一，或许是最显而易见的，在短期和中期的未来，人类仍然需要为具体的患者判断图像。无论从时间上还是从（某些成像技术的）放射可能带来的健康隐患上来说，医学影像都有着不菲的代价。随着成像成本的下降，成像的数量将增加，因此，在中短期，成像数量上的增加可能会抵消识别每幅图像所缩短的人类工时。

第二，医学成像领域既有诊断放射医生也有介入放射医生。对象识别技术的进步给放射学带来了改变，从性质上看它属于诊断放射学。介入放射学使用实时图像来辅助医疗程序。目前，这需要人类的判断和灵敏的操作，而这两方面尚未受到人工智能进步的影响。当然，有了更好识别的图像，介入放射医生的工作或许会变得更容易。

第三，许多放射科医生认为自己是"医生的医生"。他们工作中的一个重要部分是，向主治医生解释图像的含义。棘手的地方是，放射科图像的解读（用他们的话来说，叫作"研究"）往往是概率性的："有70%的概率是X病，20%的概率是没病，10%的概率是Y病。然而，从今天起往后两周，如果出现了这种情况，那么，是X病的概率达到99%，没病的概率只有1%。"许多主治医生没有接受过很好的统计学教育，很难理解概率和条件概率。放射科医生帮助他们解读数字，让他们可以与患者共同决定最佳治疗方针。随着时间的推移，人工智能也能进行概率阐释，但至少在中短期，放射科医生仍然有必要为主治医生"翻译"人工智

---

① 总部位于美国旧金山，致力于将深度学习运用到癌症等恶性肿瘤的检测中。——译注

能的输出信息。

第四，随着技术的提高，放射科医生将帮助训练机器解读新成像设备生成的图像。扮演这一角色的将会是少数超级明星级别的放射科医生。他们负责解读图像，帮助机器学会诊断。在人工智能领域，这些放射科医生利用自己优秀的诊断技能来训练机器。他们的服务将极具价值。他们不再是靠看病获得收入，而是通过向人工智能传授技术收费，或向自己训练出来的人工智能工具所检查的病人收费。

一如我们指出，诊断放射科医生工作的两个关键方面是检查图像，和将评估返回给主治医生。尽管这种评估往往是一种诊断（"患者几乎可以确定患有肺炎"），但许多情况下，评估结果是否定性的（"不排除肺炎"），它以预测的形式向主治医生告知患者可能的状况，以便后者设计治疗方案。

预测机器将减少不确定性，但并不总是能消除它。例如，机器可能会提供以下预测：

根据帕特尔先生的个人情况和影像，肝脏肿块有66.6%的概率为良性，33.3%的概率为恶性，0.1%的概率并非肿块。

如果预测机器给出的是简单明了、没有错误空间的预测（即只有良性或者恶性之分），该做什么就很明显了。此时，医生必须考虑是否安排侵入性检查，比如活检，以了解更多情况。安排活检是风险较小的决定，活检的确比较昂贵，但能产生更为确定的诊断结果。

从这个角度看，预测机器的作用是提高医生不进行活检的信心。此类非侵入性诊疗的成本较低（特别是对患者来说）。它们将告诉医生患者能否避免侵入性检查（如活检），让医生可以更放心地放弃对患者进行治疗和进一步分析。机器改进了预测后，将带来更少的侵入性检查。

因此，人类专家在医学成像中所发挥的第五个也是最后一个作用是，判断要不要进行侵入性检查，哪怕机器显示有足够高的概率不会出现问题。医生或许掌握着有关患者整体健康的信息，比如潜在的假阴性情况所带来的精神压力，或一些其他的定性数据。这些信息可能不容易编码，或机器无法获得，它们需要有着专业知识的放射科医生和主治医生展开对话，前者解读概率，后者理解患者需求。这些信息可能会让人类否决人工智能提出的不实施手术的建议。

综上所述，至少在中短期内，就使用医学影像方面而言，人类仍将担负这五项任务：选择图像；在医疗程序中使用实时图像；解读机器输出；训练机器接受新技术；根据机器无法获得的信息，进行判断，否定预测机器的建议。放射科医生有没有未来，取决于他们是否是承担这些任务的最佳人选，其他专家是否会取代他们，或者新的工作类别是否会得到发展，如放射科医生与病理学家兼而有之的一种岗位。（也就是说，这一类放射科医生可能在做完成像之后也能立即分析活检。）

不仅仅是司机

有些工作岗位可能会继续存在，但需要新的技能。特定任务的自动化，有可能凸显出另一些之前遭到低估、现在却很重要的工作任务。以校车司机为例。他的职责包括开着校车从学生的家到学校、再回到学生的家的这部分"驾驶"任务。随着自动驾驶汽车和自动驾驶的出现，校车司机的岗位本身会消失。牛津大学教授卡尔·弗雷（Carl Frey）和迈克尔·奥斯本（Michael Osborne）研究工作岗位所需要的技能类型时，得出结论：校车司机（有别于公交车司机）在未来10~20年有89%的概率被自动化工具取代。

如果校车司机不再驾驶校车往返于学校与学生的家之间了，地方政府就该把这些省下来的钱花掉吗？就算一辆大巴车是自动驾驶车辆，当前校车司机的职责也不仅仅是开车。首先，他们是负责监督一大群学龄儿童的成年人，保护他们远离大巴车之外的危险。其次，同样重要的是，他们会负责车内的纪律。在管理孩子以及让他们不互相伤害方面，人类的判断仍然有存在的必要。大巴车可以自动驾驶，但这不能消除这些驾驶以外的任务。这意味着，大巴车上的成年人可以把更多注意力放到这些任务上。

因此，以校车司机这一名义雇用的员工，其技能的组合会有所改变。跟今天相比，司机或许会变得更像老师。但这里的关键是，与工作岗位相关的任务自动化，并不一定意味着这一岗位里再没有了人的位置。从雇主的角度来看，还是要有人来承担这一工作岗位。从员工的角度来看，其风险在于能胜任这一工作岗位的可能变成了其他人。

任务的自动化迫使我们更审慎地思考是什么真正构成了一份工作岗位，人类真正在做的又是什么。跟校车司机一样，长途卡车司机做的也不仅仅是驾驶。卡车驾驶是美国覆盖范围最大的工作类别之一，经常成为自动化的潜力候选岗位。像《金刚狼3：殊死一战》（*Logan*）等电影就描绘过，不久的将来，卡车会变成带轮子的容器。

但我们真的会看到，一辆横穿美洲大陆的卡车里连个人都没有的情形吗？想想看，要是大部分时间都远离人类的监督，这些卡车会碰到些什么样的挑战？比方说，车辆及其货物都会更容易遭到劫持和盗窃。只要有人站在路中央，卡车就可能无法行驶，故此容易成为强盗下手的对象。

解决方案很明显：让人跟随卡车一起出行。这项任务比驾驶容易得多，卡车可以连续行驶更长距离，而且不必停歇。一个人，说不定能为更庞大的车辆，甚至一整队车辆压阵。[①]但车队里仍然至少要有一辆卡车设有驾驶室，供人乘坐。人

---

① 卡车制造商已经将运输能力融入了最新款的车辆。沃尔沃在几项测试里配置了这一功能，而特斯拉最新的Semi卡车从一开始就预装了这些。

可以保护车辆，处理相关物流，负责卡车在出发站以及终点站两头的装货和卸货事宜，并在沿途监督，以防意外。所以我们还不能把这些工作岗位一笔勾去。由于目前的卡车司机在驾驶之外的这些任务上依然最有资格，经验也最为丰富，因此他们会第一批受聘上岗，扮演重新定义过的工作角色。

本章要点

Prediction Machines

※ 一份工作，就是一组任务的集合。在分解工作流程、应用人工智能工具的时候，以前由人类执行的某些任务可能会自动化，剩余任务的顺序和重点可能有所改变，新的任务也有可能出现。因此，构成工作的任务集合是有可能改变的。

※ 人工智能工具的实践对工作岗位产生4种影响：

1. 人工智能工具可以增加工作岗位，如电子表格和簿记员的例子。

2. 人工智能工具可以减少工作岗位，如履单中心的例子。

3. 人工智能工具可能导致工作岗位重组，一些任务增加，另一些任务消失，如放射科医生的例子。

4. 人工智能工具可能会将重点转移到特定工作岗位所需的特定技能上，如校车司机的例子。

※ 人工智能工具可能会改变某些技能的相对回报，从而改变特定工作岗位的最适人选。就簿记员而言，电子表格的出现降低了在计算器上迅速执行繁复计算这一能力的回报。与此同时，它增加了提出正确的问题、充分利用技术来有效进行场景分析这一能力的回报。

第四部分

战　略

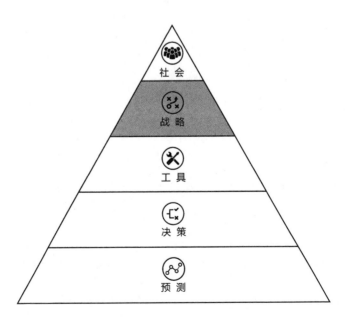

社　会

战　略

工　具

决　策

预　测

第 **15** 章
人工智能在高管办公室

2007年1月，史蒂夫·乔布斯踏上舞台，将iPhone推向世界的时候，没有一位观察者回应说："它将拉下出租车行业的帷幕。"然而，在2018年即将到来时，这一情况好像正在发生。过去10年，智能手机已经从单纯的更聪明的手机，变成了颠覆或从根本上变革各行各业的工具平台。就连说过"只有偏执狂才能生存"这句名言的安迪·格罗夫（Andy Grove）也不得不承认，你得相当偏执和狂妄，才能预见到智能手机竟然如此深远、广泛地影响了一些非常传统的行业。

人工智能和机器学习的近期发展让我们相信，这一创新足以跟过去各项伟大的变革型技术——电力、汽车、塑料、微芯片、互联网和智能手机相媲美。放眼经济史，我们知道这些通用技术是怎样扩散和演变的。我们也意识到，要预测最具破坏性的变革将在什么时候、什么地方、以怎样的形式发生有多困难。与此同时，我们已经学会了如何找到目标，怎样引领潮流，以及一项新技术何时会从一个有趣的玩意儿转变成一项具有变革意义的事物。

人工智能应该在什么时候变成你所在组织的领导团队的关键议题呢？投资回报率的计算只能影响业务层面的变化，而战略决策则会造成困境，强迫领导者们跟不确定性角力。在组织的这一部分采用人工智能，说不定需要改变组织的另一部分。就对组织内部产生的影响而言，采用人工智能和其他相关决策需要监管全局者（也就是CEO）拿出权威来。

那么，人工智能有可能在什么时候落入这一范畴呢？预测成本的下降在什么时候将重要到足以改变组织的战略呢？一旦发生这种情况，CEO可能要面临什么样的困境呢？

人工智能怎样改变企业战略

在第二章，我们推测，一旦预测机器的旋钮上调得足够高，像亚马逊这样的公司就会对特定客户想要些什么有足够信心，进而改变其业务模式。他们将先买后寄的模式变为先寄后买，预测客户想要什么，提前把物品发送出去。这种情况简明地阐释了三个要素，它们结合到一起，令对人工智能工具的投资上升到战略决策（而不仅仅是运营决策）的层面。

首先，必然存在战略困境或两难的权衡。对亚马逊来说，困境在于，先寄后买可能会产生更多的销售额，但同时也会带来更多的消费者想要退货的情况。如果商品退货成本太高，先寄后买的投资回报率就比传统的先买后寄要低。这就解释了为什么，如果没有技术上的变革，亚马逊的商业模式就仍然和几乎所有其他的零售商一样，保持先买后寄，而不是反过来。

其次，这个问题可以通过减少不确定性来解决。对亚马逊来说，这么做事关消费者的需求。如果你能准确预测人们会购买什么，尤其是预测到如果将货物配送到他们的家门口会发生什么，那么，你就可以减少退货概率，提高销售额。减少不确定性，同时兼顾了困境中的收益和成本两方面。

这一类型的需求管理并不是新鲜事。实体店存在的原因之一就在于此。实体店不能预测单个客户的需求，但他们可以预测一群客户可能的需求。把到访某一地点的客户汇聚起来，实体店对冲了单个客户的需求不确定性。要转向以个别家庭为基础的先寄后买模式，需要更多有关单个客户需求的信息，从而消解实体店的竞争优势。

最后，公司需要一台能够降低不确定性、改变战略两难平衡的预测机器。对亚马逊来说，一套非常准确的客户需求模型或许能让先寄后买的商业模式变得值得一试。此时，销售额增涨带来的收益高过了退货成本。

现在，亚马逊要实施这种模式，它将进一步改变业务。例如，它将继续投资，以减少处理退换货所需的取货及运输成本。虽然以客户为重的交付市场竞争激烈，但产品退换服务是一个相对不怎么发达的市场。亚马逊可能会自行投建卡车等基础设施，每天到街区进行配送、接收退货，进而对日常的产品退换业务进行垂直整合。实际上，亚马逊可以将它的业务边界直接搬到你家门口来。

这种边界的转移已悄然发生。德国的电子商务企业奥托集团（Otto）就是一个例子。消费者通过互联网而非门店购物的一个主要障碍在于配送时间不确定。如果消费者对配送交付的体验不佳，就不太可能回访这家网站。奥托集团发现，如果交货延迟（送货时间远远不止几天），退货率就会飙升。在等待期间，消费者不可避免地会到门店直接买下想买的商品。即使奥托把东西卖了出去，退货也会增加成本。

你要怎样削减产品送达的时间呢？预测他们可能订购什么产品，并在附近的配送中心存货。但是这种库存管理模式本身就很昂贵。

还有一种做法，你只需要保留可能需要的库存。你想更好地预测消费者的需求。奥托靠着一套有着30亿次交易量及数百种其他变量的数据库（包括搜索的关键词和人口统计数据），创造出一台预测机器来处理预测事宜。它现在可以对一个月内要销售的产品，做出准确度高达90%的预测。依靠这些预测，它改进了物流。库存量下降了20%，每年的退货量下降了200万件。预测改善了物流，降低了成本，提高了消费者的满意度。

我们再一次看到了三个具有战略重要性的要素。奥托面临过困境（怎样在无须昂贵库存的条件下改进配送的时间安排），不确定性推动了困境（本例中指一定地区的客户总需求），通过解决这一不确定性（例如，更好地预测本地需求），它构建起了新物流的组织方式，重新分配了仓库的位置、本地运输和客户交付保证。不借助预测机器来解决关键的不确定性，它不可能实现上述一切。

亚拉巴马，甜蜜的故乡？

要让预测机器改变你的策略，必须有人创造出一台对你而言特别有用的预测机器。这取决于几件超出你的组织控制的事情。

让我们看看哪些因素可以让预测技术为你的公司所用。我们不妨先到20世纪30年代的艾奥瓦州玉米地去看看。在那里，一些富有开拓精神的农民用了近20年的时间通过广泛的杂交育种引入了新的玉米品种。这种杂交玉米比普通商用玉米更有特色。它杂交了两种自交系玉米，改善了抗旱性，提升了对当地环境的适应性。杂交玉米是一项关键的改变，因为它不仅会大幅度提高产量，农民还得依靠他人才能获得这种特别的种子。新种子需要适应当地条件，这样才能发挥出最大的益处。

如图15-1所示，相较艾奥瓦州，亚拉巴马州的农民似乎有些落后。但是，哈佛经济学家兹维·格里利谢斯（Zvi Griliches）仔细观察过这些数字，他发现，艾奥瓦州和亚拉巴马州采用这种玉米存在20年的时间差距，不是因为亚拉巴马的农民动作慢，而是因为，在20世纪30年代，亚拉巴马州农场播种杂交玉米的投资回

图15-1

杂交玉米的扩展

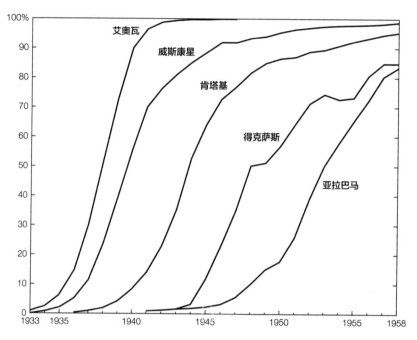

Source: From Zvi Grilliches, "Hybrid Corn and the Economics of Innovation," *Science* 132, no. 3422 (July 1960): 275–280. Reprinted with permission from AAAs.

报率显示这么做似乎并不划算。跟北部和西部诸州相比，亚拉巴马州的农场规模较小，利润率较低。相反，艾奥瓦州的农民可以在更大的农场中播种成功培育的种子，收获更大的产量，抵消种子的高成本。大农场意味着对新的杂交品种进行实验更容易，因为为了验证出新品种的有效性，农民只需要留出一小部分土地。艾奥瓦州的农民冒着较低的风险，也有着更高的利润作为缓冲。一旦某一地区有足够多的农民采用了新种子，种子市场就会有更多的买家和卖家，变得更加稳定，销售种子的成本将下降，采用种子的风险也进一步降低。最终，随着成本下降，风险降低，美国各地（以及全球）的玉米农户都采用了杂交种子。

在人工智能界，谷歌就相当于是艾奥瓦州。它正进行着近千种人工智能工具的开发项目，涵盖了自己业务的每一个门类，从搜索、广告到地图和翻译。世界各地的其他技术巨头也加入了谷歌的行列。原因很明显：谷歌、Facebook、百度、阿里巴巴、Salesforce以及其他企业已经踏入工具业务了。清晰定义过的任务遍布这些企业的每个角落，而且人工智能有时会极大地改善这些任务中的预测要素。

这些企业具有很大的利润空间，负担得起实验成本。它们可以用一部分"土地"来尝试各种全新的人工智能品种。如能将之大范围应用于自家旗下的各类产品中，它们可收获巨大的回报。

对许多其他企业来说，通向人工智能的道路就不这么清晰了。跟谷歌不同，很多公司并没有过20多年的投资耕耘，对工作流程的方方面面加以数字化，甚至，对自己想要预测什么也没有明确的概念。但是，只要一家公司制定出清晰的战略，就可以开发上述要素，为高效的人工智能工具做好铺垫。

等条件成熟，威斯康星州、肯塔基州、得克萨斯州和亚拉巴马州的所有玉米农户最终都会跟随艾奥瓦州的脚步，采用杂交玉米。到那时，需求方的收益足够高，供应方的成本也下降了。同样，与人工智能相关的成本和风险也将随着时间的推移而下降。许多并未置身于数字工具开发前沿的企业也将采用人工智能工具。需求方将推动这一过程：他们提供了一个机会，通过减少不确定性来解决这些企业经营模式中的根本困境。

棒球选手之间的互补

比利·比恩的"点球成金"策略——利用统计预测，克服人类球探的偏差，改善预测——就是利用该预测来减少不确定性、提高奥克兰运动家队成绩的例子。这也是一项需要在组织的隐性和显性层级上做出调整的战略性改变。

更好的预测改变了球队所雇用的上场球员，但棒球队的运作本身并没有改变。预测机器选择的球员上场打球的方式跟它换下的球员没什么两样，只不过可能有着更高的上垒率。球探也继续发挥着挑选球员的作用。[①]

更为根本性的改变，发生在团队雇用的人员和组织的结构图上。最重要的是，团队雇用了专人来指导机器要预测些什么，并运用这些预测判断哪些球员是值得延揽的人——最著名的人选是保罗·德波德斯塔（Paul DePodesta），以及在电影里杂糅成"彼得·布兰德"这一角色（扮演者是乔纳·希尔）的多个原型人物。该团队还设立了一个新的工作岗位——棒球统计资料分析师。棒球统计资料分析师构建衡量标准来预测签下不同球员将给球队带来多大的回报。他们就是棒球界的回报函数工程师。如今，大多数球队都拥有至少一名此类分析师，而且，在其他竞技体育项目里也有了类似的角色（只是名字各有不同）。

更好的预测在组织结构图上创立了一个新的高级职位。研究科学家、数据科学家和分析副总裁如今都成了线上前台通讯录里的关键角色。休士顿太空人棒球队甚至有一个独立的决策科学部门，负责人是前美国国家航空航天局工程师西·迈达尔（Sig Mejdal）。战略上的变化也意味着球队调整了负责选择球员的人。这些分析专家拥有数学技能，但其中的佼佼者最清楚该告诉预测机器做些什么。他们提供判断。

回到为本书所有论点提供支撑的极简经济学，预测和判断是互补品；随着预测的使用量增加，判断的价值会上升。球队越来越多地引入新的高级顾问，这些人或许没有打棒球的第一手经验（人们的刻板印象是真的），乍一看并不适合职业体育的运动员世界。然而，被招聘到这种环境里的书呆子，仍需要对棒球有着

---

① 就棒球统计学分析师与球探比谁更好，人们展开过一场丰富有趣但归根结底毫无用处的论战。一如纳特·西尔弗强调的那样，统计分析师和球探都有着很重要的作用。

深刻的理解，因为，在体育管理中使用预测机器，意味着那些拥有确定损益的判断，以及运用预测的判断来进行决策的人的价值提高了。

战略选择需要新的判断

就应用人工智能策略而言，棒球队管理组织的变化为高管凸显出了另一个关键问题。在有棒球统计资料之前，球探的判断仅限于权衡个别选手的优劣。但使用量化指标，人们便得以预测一群球员一同上场的表现。判断从思考特定球员的损益，转向了思考一支特定球队的损益。如今，更好的预测使管理者能够做出更接近组织目标的决策：选出最佳球队，而不是最优秀的球员。

为了充分利用预测机器，你需要重新思考整个组织的回报函数，让它更好地适应你真正的目标。这项任务并不容易。除了球员的招聘工作，球队的营销也需要改变，说不定还会淡化个别球员的成绩。同样，教练们必须了解每一名球员被招募的原因，以及球队的人员构成对每一场比赛有些什么影响。最后，就连球员也需要了解自己在球队中扮演的角色，对手是否采用相似的新型预测工具，这一角色将会相对应地发生怎样的改变。

你或许已经掌握的优势

战略亦关乎获取价值——换句话说，谁将获取更好的预测所创造出的价值呢？

企业高管常常对我们说，由于预测机器需要数据，数据本身就成了一种战略资产。也就是说，如果你有多年的酸奶销售数据，那么，为了用预测机器预测酸奶的销售量，总会有人需要这些数据的。因此，数据对它的主人很有价值，就像坐拥一座石油库一样。

这一假设掩盖了一个重要问题：一如石油，数据也分为不同等级。我们已经强调了三类数据：训练数据、输入数据和反馈数据。训练数据用于创建预测机器，输入数据用于为它提供生成预测的动力，反馈数据用于改进。预测机器成形之后，就只需要后两类数据了。训练数据在开始阶段用于训练算法，等预测机器运行起来就没用了。就像你把它烧掉了一样。只要你根据过去的酸奶销售数据建好了预测机器，这些数据就没什么价值了。①换句话说，它今天可能有价值，但不大可能成为持续价值的源头。为实现持续价值，你需要生成新的数据（用于输入或反馈），要不然，你就需要另一种优势。我们将在下一章探讨生成新数据的优势，此刻，我们着重讲一讲其他的优势。

电子表格发明人丹·布里克林创造了巨大的价值，但他并不富有。电子表格的价值在哪里？在财富排行榜上，后继者如莲花公司出品的软件Lotus 1-2-3的创始人米奇·考波尔（Mitch Kapor），或微软的比尔·盖茨的财富都远远超过了布里克林，但即便是他们也仅仅只占了电子表格价值的一小部分。电子表格的价值归于用户，归于利用电子表格做出数十亿次更佳决策的企业。无论莲花或微软做了什么，他们的用户都拥有电子表格所改善的决策。

这是因为电子表格在决策层面运行，预测机器也是如此。假设人工智能应用程序能极大地辅助连锁超市的库存管理，知道酸奶什么时候能大量销售，你就能预知该在什么时候进货，同时降低未售出酸奶的库存。提供预测机器预测酸奶需

---

① 你可能会反驳并确定地说，为了得到改进，预测机器需要过去的数据库吗？这是个棘手的问题。新增的数据对算法未造成太大改变的时候，预测效果最好——这种稳定的状态是良好的统计实践带来的结果。这意味着，当你用反馈数据来改进算法的时候，只有当所预测的事物正在自我演进时才有最大价值。因此，如果酸奶的需求因为人口统计因素或别的潮流突然发生改变，那么新的数据就会帮助你改进算法。不过，这仅在以上改变意味着"旧的数据"对预测没那么有效时才会发生。

求的人工智能发明家可能做得很不错，但为了创造出价值，他必须跟连锁超市打交道。只有连锁超市才能采取是否储存酸奶的行动。如果没有这种行动，酸奶需求预测机就没有了价值。

不管有没有人工智能，大量企业将继续采取自己的行动。他们处在有利位置，可获取应用人工智能带来的价值。这一优势并不意味着，拥有行动的企业就能获得所有的价值。

在卖掉电子表格之前，布里克林和搭档鲍勃·弗兰克斯顿掂量过该不该保留它。他们可以只卖掉自己的建模技能，这样一来就能获取自身洞见所创造的价值。他们放弃了这个计划（很可能理由充分），但在人工智能中，这一策略说不定很管用。人工智能提供商可能会试图扰乱传统玩家。

在一定程度上，无人驾驶汽车就是一个例子。尽管也有部分传统的汽车制造商正在积极地为旗下产能进行投资，其他传统汽车制造商却都希望跟行业外厂商（如谷歌子公司Waymo）进行合作，而不是关起门来自己开发相关能力。此外，大型科技公司也正与传统汽车制造商共同发起项目。例如，中国最大的搜索引擎运营商百度正与包括戴姆勒和福特在内的几十家合作伙伴一起，启动一项庞大而多元化的开放自动驾驶项目，即阿波罗计划。另外，腾讯控股有限公司（微信的拥有者，微信拥有近10亿的月活用户）则主导了另一支自动驾驶联盟，其合作伙伴包括北京汽车集团等龙头企业。腾讯的副总裁之一陈菊红表示："腾讯希望全力加强人工智能技术在自动驾驶中的应用……我们希望成为一个'连接者'，来帮助加速合作、创新和产业融合……"北京汽车集团董事长徐和谊思考了推动合作时的竞争压力，并表示："在这个新时代，只有跟其他公司联手制造下一代汽车的厂商才能存活下去，而那些闭门造车的厂商，则会被淘汰出局。"这一行业相对较新的参与者（如特斯拉）则直接在新车里部署人工智能，将软件和硬件紧密结合，与对手展开竞争。优步等公司则利用人工智能来开发自主权，希望把驾驶的决策从消费者手里抢过来。在该行业，价值竞夺赛并不顾忌传统的商业界限。相反，它向行动的所有者发起了挑战，因为这些行动很可能会在其他地方变成优势。

人工智能战略的极简经济学

我们所强调的变化，来自于经济框架核心受人工智能影响的两个不同方面。

首先，如亚马逊的先寄后买模式中所表现的，预测机器可减少不确定性。随着人工智能的发展，我们将更广泛地运用预测机器来减少不确定性。因此，由不确定性驱动的战略困境将随着人工智能不断演化。随着人工智能成本的下降，预测机器将解决更多类型的战略困境。

其次，人工智能会增加预测互补品的价值。棒球分析师的判断，杂货零售商的行动，还有预测机器的数据（我们在第十七章里会介绍）变得十分重要，你必须改变战略，才能利用它带来的优势。

 本章要点 *Prediction Machines*

※ 企业领导切不可将人工智能战略全权交给 IT 部门，因为，强大的人工智能工具远远不止于提升业务层面任务的生产效率，而是有望彻底改变企业战略。只用具备三个因素，人工智能就能带来战略上的变革：（1）商业模式中存在核心权衡（例如，先买后寄还是先寄后买）；（2）受不确定性影响的权衡（例如，因为拿不准客户要买什么，先寄后买带来的更高销售额会被退货带来的更高成本所抵消）；（3）减少不确定性的人工智能，拨动了权衡天平上的指针，最优策略从

这一边转到了那一边。（例如，人工智能预测客户要买什么，降低了不确定性，这就改变了天平的指针，使先寄后买模式的回报超过传统模式带来的回报。）

　　※ 人工智能战略需要企业决策层领导参与的另一个原因是，采用了人工智能工具的业务同样有可能影响到企业的其他业务。在亚马逊的思想实验中，过渡到先寄后买模式带来的副作用之一是对退货收集业务的垂直整合，比如，在整个街区部署卡车负责配送和回收退货物品。换句话说，强大的人工智能工具可能会导致工作流程和公司的业务边界在很大程度上被重新设计。

　　※ 预测机器会增加互补品的价值，包括判断、行动和数据。判断的价值增加可能导致组织等级的变化——把不同的角色或不同的人员放到权力岗位上，可能会带来更高的回报。此外，预测机器使管理人员不仅可以优化单个要素，还可以优化更高级别的目标，从而使决策更接近组织的目标。拥有受预测影响的行动，可以成为竞争优势，传统企业亦可获得人工智能带来的一些价值。然而，在某些情况下，强大的人工智能工具带来了明显的竞争优势，新加入者可能会将该行动进行垂直整合，利用人工智能作为竞争基础。

第 **16** 章

当人工智能改变企业

　　乔舒亚近期询问过一家机器学习领域的初创公司："你们为什么要为医生们提供诊断？"这家公司正在开发一种人工智能工具，它可以告诉医生是否存在某种具体的医疗状况。这是简单的"是或否"的二元输出，一项诊断。问题在于，为了能够这么做，公司必须获得监管部门的批准，而获得批准，需要进行昂贵的实验。为了能做这些实验，它正在考虑要不要和一家成熟的制药或医疗设备公司合作。

　　乔舒亚提问的着眼点在战略上，而非医学上。为什么这家公司一定要提供诊断？它不能只提供预测吗？也就是说，该工具可以分析数据，然后告诉医生"患者有80%的概率患病"。接着，医生可以准确地探究出是什么导致了这一结论，并做出最终诊断——也就是二元的"是或否"结果。该公司可以让客户（本例中即医生）做更多。

　　乔舒亚建议该公司侧重于预测而不是诊断。这样，业务的边界就以预测结束，不再需要监管部门的批准了，因为医生有许多工具可以得出诊断结果。该公司不需要从初期就跟大公司合作。最关键的是，它不再需要审慎地研究或琢磨怎样将预测转化为诊断，它只需要推断出有价值的预测所需的准确阈值，是70%、80%还是99%？

你的企业的业务终点与别家企业的业务起点在哪里？你公司的边界究竟在哪里？这个长期的决策需要组织的最高层给予周密的关注。而且，新的具有通用功能的发明通常会为边界问题带来新的答案。某些人工智能工具可能会改变你企业的边界。预测机器将改变企业思考一切问题的态度，从资本设备到数据，再到人员。

保留什么，放弃什么

不确定性会对企业的边界产生影响。经济学家西尔克·福布斯（Silke Forbes）和马拉·莱德曼（Mara Lederman）研究了千禧年前后美国航空业的结构。联合航空和美国航空等大公司掌控了一些航线；美鹰航空和天西航空等区域性合伙企业则选择另一些航线。合伙企业是独立企业，跟大的航空公司签订合同。不考虑其他条件的话，区域性航空公司的运营成本通常低于大公司，工资和福利制度上面都比较节省。例如，一些研究表明，大公司的资深飞行员的薪水比区域性合伙企业的要高80%。

奇怪的地方在于，既然有合伙企业能以较低成本提供服务，为什么大型航空公司还要负责这么多条航线呢？福布斯和莱德曼指认出了一个驱动因素——天气，更具体地说，是天气的不确定性。天气异常时，航班延误，而在交通网严密、容量得到控制的航空行业，航班延误能在整个系统里造成连锁反应。一旦天气变坏，大型航空公司不希望被合伙的公司拖住，以免在本该根据不确定成本做出快速调整的时候，围着合同斤斤计较。因此，对于可能出现与天气相关的延误的航线，大型航空公司会保留控制权和运营权。

我们在前一章中介绍了人工智能带来战略变革的三个因素。首先，更低的成本与更多的控制是一对核心权衡。其次，这种权衡受到不确定性的调制，具体而言，也就是，随着不确定性增加，控制带来的回报会升高。大型航空公司通过优化边界（自己公司的活动范围止于此，同时合作伙伴的活动范围始于此），实现了成本与控制权之间的平衡。如果一台预测机器能够穿透这种不确定性，那么第三个要素就会出现，平衡也会随之改变。航空公司会将更多业务外包给合伙企业。

参与持续创新（尤其是涉及利用经验学习的创新）的企业创造了类似的模式。汽车大约每5年发布一次新型号，由于涉及详细的零件规格和设计工作，在新款汽车上市之前，汽车制造商需要知道零件从哪里来。是自己制造，还是外包出去？在漫长的研发过程中，汽车制造商对新车的性能表现知之甚少。一些信息只能在发布后收集，如客户的反馈，以及其他长期的性能指标。这是新车为什么每年都要升级的关键原因，升级不涉及汽车设计方面的重大改变，主要是组件的改进，以修补瑕疵和改善产品。

经济学家沙伦·诺瓦克（Sharon Novak）和斯科特·斯特恩（Scott Stern）发现，自己制造零件的豪华汽车制造商，在新车发布年与次年之间改进配件的速度更快。它们使用《消费者报告》（Consumer Reports）的评分来衡量客户端的改进效果。拥有控制权，意味着汽车制造商对客户的反馈意见能做出更快速的响应。相比之下，外包零部件的厂商并没有显示出同样的改善。不过，后者获得了不同的收益；它们的初始车型在质量上比自己生产零件的汽车制造商更高。零部件外包的汽车制造商发布的新车型更好，是因为供应商制造的零部件更好。因此，汽车制造商面临着如下选择：零件外包还是自己制造？如果选择后者，它们可在汽车型号的生命周期内控制创新，随着时间的推移，使汽车获得更大的提升。能减少客户需求不确定性的预测机器，再一次有可能改变战略。

在上述两例中，短期和长期绩效之间、常规与非常规事件之间的权衡取决于一个关键的组织选择：应在多大程度上依赖外部供应商。但这一选择的特点与不确定性紧密相关。航空公司无法提前预知的天气事件有多重要？车辆该怎样满足客户真正的需求？

人工智能的影响：资本

假设出现了一种人工智能可以减少这种不确定性，则第三种要素已经就位了。预测非常便宜，可以最大限度地减少不确定性，足以改变战略困境的性质。这将对航空公司和汽车制造商的业务产生怎样的影响呢？人工智能使机器可以在更复杂的环境下运行。它扩大了可靠的"如果"的数量，减少了企业独立拥有资本设备的需求，原因有二。

首先，更多的"如果"意味着，企业可以编写合同，具体规定某件反常情况发生时该怎么做。假设说，人工智能不仅使航空公司可以预测天气事件，还可生成可以最好地应对天气相关干扰的预测。大型航空公司在合同中就可对应对突发事件的方式做出更加具体的规定，提高回报。它们可以在合同中指定更多的"如果"。因此，大型航空公司无须再通过所有权来控制航线，而是掌握了预测的力量，更有信心地与区域性的独立航空公司签订合同，以利用后者较低的成本。大型航空公司会减少对资本设备的需求（如飞机），因为它们可以把更多的航班外包给更小的区域性的航空公司。

其次，人工智能驱动的预测（以预测消费者满意度告终）能让汽车制造商更自信地提前设计产品，带来更高的消费者满意度和性能，而无须对车型进行大量过渡性调整。故此，汽车制造商可以从独立供应商处为车型挑选全世界最好的零部件，同时能够满怀信心地认为，优秀的前期预测可消除重谈合同的必要，毕竟再次谈判代价高昂。汽车制造商自身将不必再拥有零部件工厂。更宽泛地说，预测给我们带来了更多"如果"，我们可以用这些"如果"来更清晰地指定

"那么"。

这种评估认为航空网络和汽车产品的复杂性是一成不变的。很可能出现的情况是，提前预测能让航空公司和汽车制造商更有信心做更复杂的安排、提供更复杂的产品。目前尚不清楚这对外包会有什么样的影响，因为更好的预测将推动更多的外包行为，而更复杂的状况又往往会减少外包。在现阶段，哪个因素占主导地位很难判断。我们可以这样说，最新且可行的复杂流程大概会在企业内部完成，但许多从前需要内部完成的较简单的流程却可以外包出去。

人工智能的影响：劳动力

20世纪70年代，银行开发出了自动柜员机（ATM），到80年代，这种机器得到了大范围的推广。一如它的名字所暗示的，这一潜在的劳动力节省技术旨在将柜员的业务自动化。

根据美国劳工局的调查数据，柜员并没有被自动柜员机取代（见表格16-1）。但他们确实不再继续处理简单的取款业务了。在存款和取款业务以外，这些柜员成了推销银行产品的销售员和客服专员。机器处理相关业务会更为安全。银行不愿意开更多支行的原因就是安全问题，以及不愿将宝贵的人力资源耗费在取款这类事务性工作上。打破了这些束缚后，银行以更加多样的形态和规模大量扩张（在城区增加了43%之多），并且将柜员（tellers）这个称呼扫入了故纸堆。

自动柜员机的引入带来了显著的组织变革；新的柜员需要做出更多的主观判断。显然，原来的柜员任务是常规的，容易被机器取代。但跟客户讨论银行的业务需求、向客户提供贷款建议和制定信用方案，这些新任务就复杂多了。在此过程中，评估新柜员的工作好坏，变得更为困难。

当绩效指标从客观（你是否缩短了银行排队）变为主观（你销售的是不是合

图16-1

银行柜员人数和自动柜员机数量随时间的变化

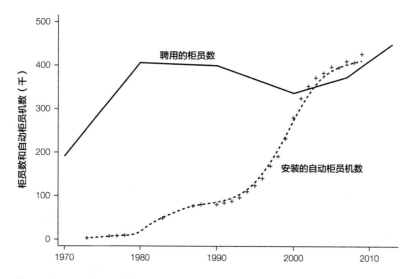

Source: Courtesy James E. Bessen, "How Computer Automation Affects Occupations: Technology, Jobs, and Skills," Boston University School of Law, Law and Economics Research Paper No. 15-49 (October 3, 2016); http://dx.doi.org/10.2139/ssrn.2690435.

适的产品），人力资源管理变得更加复杂了。经济学家会告诉你，岗位责任须少一点明确性，多一些关联性。你将根据主观程序（如绩效审查需考虑任务的复杂性和员工的长短板）对员工进行评估，给予奖励。这样的程序很难贯彻，因为必须付出巨大的信任，管理者才能依靠这些程序创建激励机制，推动良好的绩效。毕竟，较客观的绩效指标而言，基于主观考察的公司更容易否决员工的奖金、加薪或晋升请求。但在复杂环境下，哪怕绩效指标是客观的，重大失误仍可能出现。富国银行的客户经理欺诈事件生动地向我们揭示了这一点。[①]

---

① 2016年，富国银行因大规模欺诈遭到索赔，其客户经理在激励政策下为客户开设昂贵的账户，并向其收费。

这一经济逻辑链的直接含义是，人工智能会将人力资源管理转向人际关系层面，而非交易层面。原因有两方面。首先，宝贵的人类判断得到了利用，因为这种判断很难被编程到机器当中。回报要么不稳定，要么是未知的，又或是需要人类的经验才可执行。其次，随着机器预测的增多，人类的判断越发重要，而这类判断必然涉及一些主观的绩效评估手段。如果客观手段行得通，机器就有望自行做出此类判断，而不再需要任何人力资源部分的介入。因此，如果目标是主观的，人类就是做出决策的关键。出于这个原因，对这样的人加以管理，就有必要侧重于人际关系层面。

因此，人工智能对劳动力的影响不同于它对资本的影响。判断变得至关重要，这意味着劳动合同需更加主观。

那些影响资本设备的力量也会影响劳动力。如果人类劳动力的关键产出是数据、预测或行动，那么，使用人工智能意味着更多地将业务外包给合同工，一如它意味着使用更多外包的设备和供给。跟资本一样，更好的预测会给出更多的"如果"，我们可以用这些"如果"对外包合同里的"那么"做出明确规定。

但是，人工智能对劳动力更重要的影响在于，它提高了人类判断的重要性。预测和判断是互补的，更好的预测会增加对判断的需求，这意味着，你员工的主要任务是在决策时做出判断。根据定义，这在合同中无法加以详细规定。这里，预测机器增加了战略困境中的不确定性，因为评估判断的质量很困难，外包有风险。有违直觉的是，更好的预测会增加你对人类工作表现进行判断的不确定性：你需要把回报函数工程师和其他以做判断为主的员工留在公司内部。

人工智能的影响：数据

另一个关键的战略问题是数据的所有权和控制权问题。一如预测和判断之间的互补性与员工承受的后果相关，预测和数据之间的关系同样推动了一些权衡。数据让预测变得更好。这里，我们的着眼点是与组织边界相关的权衡。你应该利用他人的数据，还是拥有自己的数据？（我们将在下一章中探讨对数据收集进行投资的战略重要性。）

对于人工智能初创公司而言，拥有能实现学习的数据尤其关键。如若不然，随着时间的推移，它们将无法改进产品。机器学习初创公司Ada Support帮助其他公司与客户展开互动。Ada有机会将其产品整合到一家已成立的大型聊天服务供应商的系统当中。如果这一招奏效，获得牵引力和建立庞大的用户基础就会容易许多。这是一条颇具诱惑力的道路。

可问题在于，大公司将拥有来自互动的反馈数据。没有这些数据，Ada无法根据实际情况改进产品。Ada鼓足勇气，重新考虑了合作方式，直到确保自己能拥有结果数据之后才进行整合。这么做帮它搭建了一条从现在通向未来的数据管道，能让它借此持续学习。

要掂量到底是拥有还是购买数据的，远远不止初创公司。以那些旨在帮助广告商家定位潜在客户的数据为例。约翰·沃纳梅克（John Wanamaker）曾和其他人一起，创造了媒体上广告的框架。他曾说："我花在广告上的钱，有一半是浪费掉的；麻烦的是，我不知道是哪一半。"

这是广告的根本问题。在网站上投放一条广告，每个访问该网站的人都会看到，你要为每次展示支付费用。如果这其中只有一小部分访客是潜在客户，你对每次展示支付费用的意愿就相对较低。不管你是广告商，还是想要靠广告赚钱的网站，这都是一个问题。

其中一个解决方案是，专注于建立能吸引有着特定兴趣（体育、金融等）的访客的网站，这样一来，对特定的广告来说，这些访客中会有更高比例的潜在客户。在互联网崛起之前，这是广告的核心特征，杂志、有线电视频道、报纸的不同板块（汽车、时尚、房地产、投资）也因此越来越多。但不是所有媒体渠道都可以通过这种方式对内容进行调整。

多亏了网络浏览器的创新（尤其是记录用户行为的cookie），广告商可以随着时间的推移，横跨多个网站对用户进行跟踪。于是，它们获得了更好的锁定客户的能力。cookie记录的是网站访客的信息，最重要的是，它还记录了网站类型的信息，包括访客们经常访问的购物网站。依靠这种跟踪技术，如果你访问过某购物网站，想买一条新裤子，之后你可能会发现，你接下来看到的广告有极大比例都是有关裤子的——它们甚至来自完全不相干的网站。

任何网站都可以放置cookie，但这些cookie对网站来说并不一定具有太高的价值。相反，网站向广告交易平台（或直接向广告商）出售cookie，能方便后者更好地对广告进行定位。网站向想投放广告的公司出售自己访客的数据。

这些公司会购买数据，是因为它们无法自己收集数据。不足为奇，它们购买的是能帮助自己识别高价值客户的数据。它们说不定还会购买能帮助自己避免向低价值客户发送广告的数据。这两类数据都很有价值，因为它们能让这些公司将广告经费集中投放到高价值客户的身上。

包括谷歌、Facebook和微软在内的许多人工智能领军企业，都已经建立或购买了自己的广告网络，以便拥有这些宝贵的数据。它们认为，这些数据是值得花钱的。对于其他企业来说，广告数据并不是那么重要，因此，它们会权衡对数据的控制权，避免收集数据时付出高昂的成本。故此，广告数据仍然在这些公司的业务边界以外。

销售预测

谷歌、Facebook、微软和少数其他公司掌握着消费者线上偏好的数据，这些数据尤其有用。它们不仅仅销售数据，还会进一步为广告客户做出预测。例如，谷歌通过搜索，YouTube通过其广告网络，纷纷掌握了有关消费者需求的丰富数据。它并不销售数据，相反，它把数据生成的预测，变成捆绑服务的一部分出售给广告商。如果你通过谷歌的网络进行广告宣传，你的广告会向该网络预测的最有可能受其影响的用户展示。通过Facebook或微软进行广告宣传，也可收获类似的结果。无须拥有数据，广告商就购买了预测。

　　独一无二的数据对创造战略优势非常重要。如果数据不是独一无二的，就很难围绕预测机器建立业务。没有数据，就没有真正的学习途径，所以人工智能不是你的战略核心。即便如此，一如广告网络的例子所示，预测仍然有用。它们让广告商得以瞄准价值最高的消费者。故此，哪怕数据和预测无法成为战略优势的源头，更好的预测也能对组织有所帮助。[①]就算数据和预测都在组织的边界之外，组织也可以利用预测。

　　其主要的言外之意是，数据与预测机器是互补品。因此，除非你拥有能"喂养"人工智能的数据，否则采购或开发人工智能起的作用十分有限。如果这些数据在别处，你就需要一个得到它的策略。

　　如果数据被独家拥有或属于某家垄断供应商，那么，你的风险在于，该供应商有可能占用你的人工智能的全部价值。如果是你的竞争对手拥有这些数据，那么，你可能找不到任何战略从它们手里以合理的价格获得这些数据。如果是消费者拥有这些数据，那么你可以用更好的产品或更高质量的服务来交换它们。

　　但在某些情况下，你和其他人或许拥有对双方都有价值的数据；故此，就有可能实现数据的交换。在其他情况下，数据可能会分属多个供应商，此时，你或许要做一些更为复杂的安排，来购买数据与预测的组合。

　　是自己收集数据进行预测，还是从其他人手里购买，取决于预测对贵公司的

---

① 一个例子是万事达卡顾问公司的咨询服务，它利用万事达卡的海量数据提供各种预测，从消费者诈骗到客户留存率。见http://www.mastercardadvisors.com/consulting.html。

重要性。如果预测机器是一种对你而言现成可用的输入项，那么只要人工智能并非你的战略核心，你就可以用大多数公司对待能源的态度来对待它，也就是从市场上采购。相反，如果预测机器即将成为你公司战略的核心，那么，你就需要控制数据以改进机器，数据和预测机器都必须来自公司内部。

在本章的开头部分，我们建议一家机器学习型的初创公司改变计划，由原来的提供医学诊断转向出售预测结果。为什么医生愿意购买预测而非完整的诊断呢？为什么医生不想拥有预测机器和数据呢？答案就在于我们讨论过的相关权衡。诊断是医生这份工作的一个关键要素，因此购买预测不是医生战略决策的核心。有了额外的信息，医生还是继续做自己从前做的事情。如果这不是关键的战略决策，那么他们就不需要拥有数据或预测，只需要购买预测。对比来看，那家初创公司的创业之本是人工智能，而为客户提供价值的是预测。所以，只要初创公司拥有数据和预测机器，它便不需要拥有诊断。该初创公司与医生之间的边界就是人工智能不再具备战略意义，而只是另一项流程里的一个输入项。

 本章要点

Prediction Machines

※ 确定你的公司结束业务的地方与另一家公司开始业务的地方，是一项关键的战略选择——它确定了公司的边界（例如，航空公司的合作伙伴关系，外包汽车零件的制造）。不确定性会影响这种选择。由于预测机器可以减少不确定性，它会对组织与其他组织之间的边界产生影响。

※ 通过减少不确定性，预测机器提高了编写合同的能力，故此也就提高了公司以合同的方式将专门负责数据、预测和行动的资本设备和劳动力外包出去的动

机。然而，预测机器会削弱公司把专司判断的任务外包出去的动机。判断的质量很难细化到合同中，而且难以监控。如果判断能够被清晰地细化，那它就可以被编程，交给机器，而不再需要人类来做。随着人工智能越来越普遍，判断有可能成为人类要扮演的关键角色，这样一来，企业内部聘用的员工会增加，外包出去的劳动力会减少。

※ 人工智能将提升拥有数据的动机。尽管如此，如果数据提供的预测对你的组织并不具备战略意义，那么通过外包获得数据便有其必要。在此种情况下，最好直接购买预测而不是购买数据，接着用它生成你自己的预测。

第**17**章

你的学习策略

2017年3月，谷歌首席执行官桑达尔·皮查伊（Sundar Pichai）在年度I/O活动的主题演讲中宣布，该公司正从"以移动优先的世界转向以人工智能优先的世界"。接下来，他公布了一系列与人工智能相关的消息：开发用于优化机器学习的专用芯片，在包括癌症研究在内的新应用中使用深度学习，把谷歌人工智能助手放到尽可能多的设备上。皮查伊称，公司要从"搜索和组织全世界的信息"过渡到"人工智能和机器学习"。

这一宣言比根本性的愿景转变更具战略意义。2002年，谷歌的创始人拉里·佩奇（Larry Page）就勾勒出了这条道路：

我们并不总能展示人们想要的搜索结果。我们付出艰苦努力就为了做到这个。但这真的太难了。要做到这一点，你必须聪明，必须理解世界上的一切，必须理解查询的内容。其实我们尝试做的是一种人工智能……终极搜索引擎会很聪明。我们努力工作，就是为了一步一步地接近它。

从这个意义上说，谷歌多年前就踏上了构建人工智能之路。直到最近，它才公开宣称把人工智能技术置于一切工作的中心。

做出这一战略承诺的并不只有谷歌。就在同一个月，微软公布了自己从"移动优先"和"云优先"转移到"人工智能优先"的意图。但"人工智能优先"到底是什么意思呢？对于谷歌和微软来说，它们变革的第一部分（不再是"移动优先"）为我们提供了一条线索。要做到"移动优先"，就是把流量放到你的手机体验上，为消费者优化手机界面，哪怕这意味着牺牲自己的整个网站和其他平台。最后一部分是它的战略意义所在。"在手机上表现好"是目标。但如果说，你宁可牺牲其他渠道也要做到这一点，那就是真正下定决心了。

回到"人工智能优先"的背景下，这意味着什么呢？谷歌的研究总监彼得·诺维格（Peter Norvig）给出了一个答案：

就信息检索而言，任何回忆度和精确度高于80%的东西都很好——不是所有建议都必须完美，因为用户可以忽视糟糕的建议。可就智能助手软件来说，壁垒要高得多。你不会使用一个20%的时候都执行错误预订的软件，哪怕错误率只有2%，你也不会用。所以智能助手需要更加准确，也就是更智能，对情景更有意识。这就是我们所说的"人工智能优先"。

这对计算机科学家来说，是个很好的答案。它强调了技术性能，特别是准确性。但这个回答里隐含了一些别的东西。如果人工智能排第一了（最大化预测的准确度），那什么排第二呢？

透过经济学家的滤镜我们知道，任何"我们将把注意力放到X上"的声明都意味着一种权衡取舍。总会放弃某些东西用于交换。强调预测准确度高于一切，要付出些什么代价呢？我们的答案来自核心的经济学框架："人工智能优先"意味着把资源投入到数据收集和学习（一个长期目标）中，同时牺牲重要的短期考量，如直接的客户体验、收入和用户数量。

颠覆的"微风"

采用人工智能优先战略是一项承诺，即优先考虑预测的质量，并支持机器学习的过程，哪怕要以牺牲消费者满意度和运营绩效等短期因素为代价。收集数据可能意味着，要部署预测质量尚未达到最佳水平的人工智能。其核心的战略困境在于，是应该以学习机器为重，还是以保护他人免受因此带来的绩效损失为重。

面对这一困境，不同的企业会做出不同的选择。但为什么谷歌、微软和其他科技公司选择了人工智能优先的战略呢？这种做法，其他企业可以效仿吗？还是说，这些公司有什么特别之处？

这些公司的一个突出特点是，它们已经收集并生成了大量数字化的数据，并一直在充满不确定因素的环境下运营。所以，预测机器有望带来能让它们在旗下产品中大面积使用的工具。对内而言，它们对更高级且预测更廉价的工具有需求。除此之外，它们还有身处供给方的优势。这些公司已经延揽了可用于开发机器学习及其应用的技术人才。

用第十五章提及的杂交玉米来做类比，这些公司就像是当年艾奥瓦州的农民。但人工智能主导的技术表现出另一个重要特征。由于学习需要花时间，还常常导致性能下降（尤其是对消费者来说），它跟克莱·克里斯坦森所谈到的"颠覆性技术"有着共同的特征，也就是说，一些老牌公司发现自己很难迅速应用此类技术。

假设现在需要对一款既有的产品开发出人工智能版本。为开发产品，它需要用户。人工智能产品的第一批用户，会因为人工智能需要学习而碰到糟糕的用户体验。一家公司说不定本来就拥有稳定的客户群，故此，它可以让这些客户使用产品，让他们提供训练数据。然而，这些客户对现有产品感到心满意足，因此无法忍受将它切换成临时且低劣的人工智能产品。

这是典型的"创新者困境"，即老牌公司不愿破坏现有的客户关系，哪怕长远来看这么做会更好。出现创新者困境是因为，创新刚出现的时候，它兴许还未好到可以为行业中老牌公司的客户效力的地步，但它们已经好到可以在某个小众领域内催生一款产品，从而给初创企业带来足量的客户。随着时间的推移，初创公司会获得经验。最终，该初创公司将学到足够多的知识来创建出强大的产品，从规模更大的竞争对手那里夺走客户。到了那个时候，规模较大的竞争公司已远远落后，而初创公司将获得压倒性优势。人工智能需要学习，初创公司恐怕比更成熟的老牌对手们更乐意为这种学习投资。

如果上述老牌公司面临严峻的竞争，尤其是当它们的竞争对手刚进入市场，没有受到要让现有客户群满意的约束时，创新者的困境就没那么棘手了。此时，竞争的威胁意味着，无所作为的代价太高。即使你是一家老牌公司，此类竞争也会改变天平的指针，促使你迅速采用颠覆性技术。换句话说，像人工智能这样长期拥有巨大潜在影响的技术，其威力可能会使它在早期就被采用。老牌公司也不例外。

机器学习需要大量的时间和数据，才能让预测变得准确而可靠。一台预测机器一问世就能发挥作用，这样的例子实属罕见。有人向您推销一款以人工智能为驱动的软件时，它兴许已经完成了劳神费力的训练环节。但要是你想依据对自己企业至关重要的核心目的来管理人工智能，现成的解决方案可能做不到。较之用户手册，你更需要的是训练手册。这种训练要求通过某种方式让人工智能收集数据和改进。

学习的途径

经济史学家内森·罗森伯格（Nathan Rosenberg）用"边用边学"的说法来形容企业通过与用户互动来改进产品设计的现象。他使用这个词主要跟飞机性能有关。飞机的初始设计较为保守，但随着飞机用得越来越多，制造商不断学习，飞机的设计变得越来越好，容客量越来越大，效率越来越高。最早起步的制造商学得更多，因此更有优势。当然，在各种各样的情境下，这样的学习曲线都能带来战略优势。它们对于预测机器特别重要，毕竟，机器预测靠的就是机器学习。

到了眼下这一步，我们还没有花太多时间来区分构成机器学习的不同类型。我们把重点几乎都放在了"监督学习"上。当你对想要预测的东西拥有了优质的数据时，你就可以使用这种技术。比如，你有数以百万计的图像，你知道图像里包含了猫或肿瘤；你根据这一认识来训练人工智能。监督学习是我们作为教授的工作中一个关键的部分；我们向学生们提出问题和相关解决方案，以此展示新的素材。

相反，当你没有对想要预测的东西的优质数据，但你能在事后判断自己的对错程度时，会怎么样呢？此时，如我们在第二章中所述，计算机科学家们会使用"强化学习"技术。很多小孩子和小动物都是这么学习的。心理学家巴甫洛夫给狗喂食时摇一声铃铛，之后发现，铃铛的响声能触发这些狗的唾液反应。这些狗学会了把铃铛声和获得食物联系起来，并逐渐知道铃铛声预示了周围会有食物，因此会做好相应的准备。

在人工智能领域，强化学习在教机器玩游戏方面取得了很大进展。DeepMind让旗下的人工智能操作一款电子游戏（如《打砖块》），如果人工智能在无须任何其他指令的条件下获得更高分，它就得到"奖励"。人工智能学会了玩一大堆雅达利游戏，而且玩得比最优秀的人类玩家还好，这就是"边用边学"。人工智能玩了成千上万次游戏，像人类那样学会了怎样玩得更好，只不过，人工智能比任何人类玩家玩的次数都多，而且玩得更快。①

---

① 在电子游戏的例子中，由于目标（得分最高）与预测（这么做会提高还是减少得分）紧密相关，自动化的过程不一定需要不同的判断。判断很简单，只需分辨出目标是赢最多的分就行了。教一台机器玩《我的世界》等沙盒游戏，或是《精灵宝可梦GO》等收集游戏就需要更多的判断，因为不同的人喜欢这些游戏的不同方面。他们的目标并不明确。

让机器做出特定的动作，接着用动作数据和过去的经验（动作和对应的得分）来预测哪些动作能带来分数的最大提升，这个过程就出现了学习。学习的唯一方法是上手真正玩。如果没有学习的途径，机器既不能玩好，也不会随着时间的推移而进步。这样的学习途径很昂贵。

何时部署

熟悉软件开发的人都知道，为了锁定错误（bugs），程序员要进行大量的代码测试。在某些情况下，公司把软件发布给用户，让其帮忙查找一般使用过程中可能出现的错误。不管是"内部测试"（让内部人员试用软件的早期版本）还是"beta测试"（邀请早期用户来测试软件），这些"边用边学"的形式都涉及对学习进行短期投资，以促成产品的进步。

这种为获得长期利益而付出的短期训练成本，与人类学习怎样更好地完成工作的方式类似。尽管麦当劳的工作人员不需要大量的训练，但跟资深员工比起来，新员工的速度较慢，而且犯错较多。可随着他们为更多客户提供服务，新员工也会越变越好。

商业航空公司的飞行员也会随着就职经验的积累而不断进步。2009年1月15日，全美航空1549号航班撞上了一群加拿大黑雁，致使所有发动机关停，机长切斯利·萨伦伯格尔（Chesley Sullenberger，也就是"萨利机长"）神奇地将飞机迫降在哈得孙河上，挽救了155名乘客的性命。大多数记者把他的表现归功于经验。按照记录，他积累了19663个飞行小时，驾驶空客A320的时长是4735个小时。萨利本人回忆说："可以这么看，42年来，我一直定期往这家经验、教育和训练的银行里存入小规模的款项。而在1月15日，我有了可观的余额，足以取出一大笔存款。"萨利和飞机上的所有乘客，都从他从前服务数千人的经验中受益。

银行新柜员和新飞行员之间"好到足以上手"的技能区别是建立在容错率上的。很明显，我们对飞行员的容忍度要低得多。值得欣慰的是，飞行员资格认证由美国交通部下属的联邦航空管理局管理，哪怕飞行员会从之后的在职经验中不断学习，也至少需要1500小时的飞行时间，其中包含跨国飞行时间500小时，夜间飞行时间100小时，仪器操作时间75小时。对不同的工作岗位而言，人类要接受多长时间的训练方可胜任，我们有着不同的定义。对于能够学习的机器，也是如此。

公司会设计制度来培训新员工，直到他们的水平足以胜任不同岗位，同时它们也知道员工将从完成工作的过程中学习以获取经验。但判定"足够好"的范畴是个很关键的决定。就预测机器而言，它可能是事关时机的重大战略决策：什么时候从内部培训转为在岗培训。

预测机器达到什么程度才叫"足够好"，这里没有现成的答案，只有权衡。要通过使用预测机器实现成功，公司需要认真对待这些权衡，并且有策略地进行取舍。

首先，人们对错误的容忍度如何？我们对某些预测机器的容忍度较高，对另一些机器的容忍度较低。比如，谷歌的收件箱程序会读取我们的电子邮件，它使用人工智能来预测我们会怎样回信，并生成3条简短回复供你选择。许多用户表示喜欢使用这一功能，哪怕它的失败率高达70%。（在撰写本书时，人工智能生成的回复仅有30%的概率对我们有用。）对错误的容忍度这么高，原因在于，缩短写文章和打字的时间带来的好处，抵消了预测的简短回复出错、建议派不上用场、浪费屏幕空间的成本。

相反，我们对自动驾驶领域出现的错误容忍度较低。由谷歌引领的第一代自动驾驶汽车是通过人类驾驶专家的指导来培训的，人类司机会负责有限数量的汽车，开着它们行驶成千上万公里，就像一位家长监督青少年开车那样。

这些人类驾驶专家提供了一个安全的训练环境，但他们也极端受限。机器只能学习到几种情况。人类在学会应对少数可能导致事故的情形之前，说不定已经在不同的环境和场景下驾驶了数百万公里。对自动驾驶汽车来说，现实中的道路充满危险，不留情面，正是因为人类曾在真实的道路上遭遇过充满危险、没有弥补机会的情况。

其次，在现实世界中获取用户数据有多重要？特斯拉明白训练可能要花很长时间，遂为旗下所有最新的车辆型号推出了自动驾驶功能。这些功能包括一套用于收集环境数据和驾驶数据的传感器，这些数据将上传到特斯拉的机器学习服务器。在很短的时间内，特斯拉就能够通过人类司机的驾驶方式来获得培训数据。特斯拉汽车越多，特斯拉的机器可以学到的东西也就越多。

然而，除了在人类驾驶特斯拉汽车时被动地收集数据，公司还需要自动驾驶数据，以理解自动驾驶系统的运行情况。为此，它需要让汽车切入自动驾驶模式，以便评估性能，还要同时分析什么时候人类驾驶员（需要他或她的在场和关注）会出手干预自动驾驶。特斯拉的最终目标不是生产一辆需要在监督下驾驶的副驾驶或青少年司机，而是一辆完全能自动运行的车辆。这就要求机器的驾驶水平高到足以让人类在自动驾驶汽车里感到舒服。

这里藏着一项棘手的权衡。为了变得更好，特斯拉需要机器在真实情况下学习。但把当前的车辆放到实际情况下，意味着交给客户一个年龄较小且缺乏经验的驾驶员——哪怕它与许多年轻驾驶员的水平一样高，甚至更高一些。即便如此，这么做的风险比人工智能助手Siri和Alexa能不能理解你在说什么、谷歌收信箱能不能正确预测你怎样回复一封电子邮件要大得多。就Siri、Alexa或谷歌收件箱而言，错误意味着低质量的用户体验。可就自动驾驶车辆而言，错误意味着生命危险。

后一种体验可能会令人感到恐惧。汽车有可能没发出提醒就驶出高速公路，或是把地下通道当成路障而采取紧急制动。神经过于紧张的司机可能会选择不使用自动驾驶功能，而这样一来，又妨碍了特斯拉提高学习的能力。就算公司可以说服一些人充当试用测试员，这些人会是它想要的人吗？说到底，自动驾驶测试版的测试人员，说不定比普通司机更喜欢冒险。如果是这样的话，公司会把自己的机器训练得像什么人？

有了更多的数据，机器学习得更快；而如果将机器部署在自然环境中，它们生成的数据会更多。但是，现实世界里可能发生糟糕的事情，最终损害公司品牌形象。越早把产品投放到实践中，越能让机器加速学习，但也有着危害品牌（甚至客户）的风险；越晚把产品投放到实践中，越会减慢它的学习速度，但也让公司内部有更多的时间改进产品，保护品牌（以及客户）。

对谷歌收件箱一类的产品来说，权衡的答案似乎很明显：性能糟糕付出的代价很低，而从客户使用中获得的收益却很高。把这类产品尽早投到现实世界是有道理的。而对汽车这一类产品，答案则更加模糊。随着各行各业起来越多的公司试图充分利用机器学习，处理这类权衡的相关战略也会越来越重要。

通过模拟学习

有一种过渡步骤可缓和这一权衡，那就是利用模拟环境。人类飞行员接受训练时，要先在复杂而逼真的模拟器上花数百个小时，才能摸到真正的飞机。人工智能也可采用类似的方法。谷歌训练DeepMind的人工智能AlphaGo，好让它击败世界上最优秀的围棋选手时，不光让它看了数万盘人类棋局，还让它跟另一个版本的自己对弈。

这种方法的其中一种形式叫作"对抗性机器学习"，即让主人工智能及其目标与试图阻止该目标实现的另一种人工智能进行对抗。例如，谷歌的研究人员让一套人工智能通过加密程序向另一套人工智能发送信息。两套人工智能共享密钥，并对信息进行编码和解码。第三套人工智能（对手）获取了这些消息，但没有密钥，它尝试解码。通过大量模拟练习，对手会训练主人工智能在不使用密钥且难以解码的条件下进行通信。

这种通过模拟来学习的方法不能在现场进行；它们需要类似实验室方法的东西，来生成新的机器学习算法，接着将之复制、推送给用户。它的优点是，机器不必实地训练，这就减少了用户体验上的风险，甚至用户本身可能承受的风险。缺点是，模拟法可能无法提供足够丰富的反馈，这削弱了（但无法消除）趁早发布人工智能的必要。总有一天，你还是得把人工智能投放到真实世界去。

在云端学习与在实地学习

在实地学习可以改进人工智能。之后，公司可以利用预测机器经历的实际结果来改进下一次预测。通常，一家公司会收集现实世界中的数据，对机器进行微调，然后发布更新后的预测模型。

特斯拉的自动驾驶仪从来不会在实际用户正在使用它的时候学习。它进入实地后，会把数据传回到特斯拉的计算云上。特斯拉进行汇总，并利用数据对自动驾驶仪进行更新。直到这时候，它才会推出新版本的自动驾驶仪。学习发生在云端。

这种标准方法的优点是可以为用户屏蔽掉不完善的版本。不利的一面是，驻留在设备上的通用人工智能，无法考虑迅速变化的本地条件，或至少要等到数据构建到新版本之后才能这么做。因此，从用户的角度来看，改进是跳跃式的。

反过来说，假设人工智能可以在设备上学习，并在该环境下得到改进，那么，它能更轻松地回应本地的环境，并针对不同的环境进行优化。在迅速变化的环境下，改进设备自身的预测机器很有益处。例如，在Tinder[①]等应用程序里，用

---

① 一款热门的约会软件，用户选择时，向左滑动代表"讨厌"，向右滑动代表"喜欢"。

户可以快速做出很多决定。这些决定能立刻反馈到预测当中，进而显示更可能的潜在约会对象。品位是依用户而定的，并随时间的推移（一年也好，一天也好）而改变。如果说人总是大同小异，且有着稳定的偏好，发送到云端并进行更新就能起到很好的作用。但如果说人的品位因人而异，而且变化无常，那么，具备可在设备层面调整预测的能力就很有用了。

公司必须权衡，自己应该多快将预测机器的现实经验用于生成新的预测。立即使用这一经验，人工智能就可以更快地适应当地条件的变化，但代价是质量缺乏保证。

学习的权限

学习往往需要愿意提供数据的客户。如果战略牵涉到要牺牲其他事情来做某件事，那么，在人工智能领域，几乎没有哪家公司比苹果做出的承诺更早以及更坚决了。蒂姆·库克（Tim Cook）在苹果主页上专门讨论隐私的版块里写道："在苹果，您的信任对我们来说意味着一切。这就是为什么我们尊重您的隐私，并通过强大的加密系统来保护您的隐私，我们还设定了严格的政策，来管理所有数据的处理方式。"他继续写道：

几年前，互联网服务的用户开始意识到，如果一项在线服务是免费的，那么，你不是客户，你是产品。但在苹果，我们相信，卓越的用户体验不应以牺牲用户的隐私为代价。

我们的商业模式非常简单：我们销售优质产品。但我们不会把您的电子邮件内容或网络浏览习惯建立成一个文件夹，卖给广告商。我们不会将您存储在苹果手机或iCloud里的信息"货币化"。而且，我们不会阅读您的电子邮件或消息以获取信息，然后向你推销。我们的软件和服务，其目的在于让苹果的设备变得更好。仅此而已。

苹果做出这一决定，不是出于政府的规定。一些人声称，苹果公司做出这一决定是因为它在开发人工智能方面落后于谷歌和Facebook。没有哪家企业可以避开人工智能，苹果自然也不能。这一承诺会使其工作更加艰难。它打算以尊重隐私的方式开发人工智能。这是一个很重要的战略赌注，认为消费者会希望控制自己的数据。无论是为了安全还是隐私，苹果都认为，它的承诺会让消费者更愿意（不是更不愿意）让人工智能进入自己的设备。[①]苹果并不是唯一一家押注在保护隐私能带来回报上的企业。Salesforce、Adobe、优步、Dropbox和许多其他公司都已经在隐私方面做出了大量投入。

这个赌注有着战略意义。包括谷歌、Facebook和亚马逊在内的许多其他公司选择了一条不同的道路，它们告诉用户，自己将使用数据以提供更好的产品。苹果以隐私为重，限制了它产品的功能。例如，苹果和谷歌都在自家的照片服务中加入了人脸识别功能。要让它对消费者有用，就必须对照片里的脸进行标记。不管用户端的设备怎么设置，谷歌都会保留标签，因为识别是在谷歌的服务器上发生的。但出于隐私考量，苹果公司选择在设备层面进行识别。这意味着，如果你在苹果电脑上标记了熟人的面孔，你的苹果手机或者iPad则不会收到这些标签。不足为奇，正是在这种情形下，隐私考量和消费者的用户体验撞到了路障。（在本书撰写期间，苹果将怎样处理这些问题未为可知。）

我们不知道实践中会出现些什么。无论如何，我们的经济学家滤镜清楚地表明，用人们的隐私来换取预测的准确性之间的权衡所带来的相对损益，将引导

---

① 这一赌注之所以可行，是因为用于保护隐私的数据分析有了技术上的进步，尤其是辛西娅·德沃克发明的"差分隐私"。

企业的最高战略选择。加强隐私保护或许能让企业获得从用户那儿进行学习的许可，但这种学习也可能并不是特别有用。

体验（经验）是新的稀缺资源

导航应用程序Waze通过收集其他Waze用户的数据，来预测交通出问题的位置。它可以为你找到最快的路线。如果这是它所做的一切，那也没什么问题。然而，预测会改变人类的行为，这也正是Waze设计的用意。当机器收到来自人群的信息时，其预测也可能因为所得信息而遭到扭曲。

对Waze来说，问题在于，用户会遵循其指导，将车开进小巷以避开拥堵。除非Waze针对这种情况（用户遵循指导）做了调整，否则它无法收到交通问题已得到缓解的提醒，此时常规路线已变回最便捷的路线。为了克服这一障碍，应用程序必须派一些人类驾驶员回到交通拥堵的地方，看看情况变成了什么样。这样做会引发一个明显的问题：受此指引的人，兴许会为了更大群体的利益而变成牺牲品。这无疑会降低产品的质量。

这将会出现一种难以解决的权衡：人工智能的预测改变了群体的行为，而这又会阻碍人工智能获取形成正确预测的必要信息。本例中，多数人的需求高于少数人的需求。但用这种方式来管理客户关系，显然让人不舒服。

有时候，为了改进产品，尤其是涉及"边用边学"的时候，有必要大幅调整系统，让消费者拥有全新的、可供机器学习的体验。被迫进入新环境的客户往往体验较差，但其他所有人都可从他们的体验中受益。对于beta测试，这一权衡是自愿的，因为客户主动选择试用早期版本。但是beta测试版所吸引到的客户，可能并不会像普通客户那样使用产品。为了获得所有客户的体验，你有时也需要针对这些客户进行产品降级，以获得能造福所有人的反馈。

人类同样需要体验（经验）

如果你从人力资源体验的角度思考，体验的稀缺性会变得更为突出。如果机器获得了体验，人类说不定就没获得体验。近年来，一些人担心自动化可能会导致人类技能的丧失。

2009年，法国航空公司447号航班在从里约热内卢飞往巴黎的途中坠入大西洋。一开始是恶劣的天气引发了危机，但飞机的自动驾驶仪失灵加剧了危机。据报道，与全美航空的萨利机长不同的是，当时驾驶飞机的飞行员相对缺乏经验，对危机情况处理得很糟糕。而且在更有经验的飞行员（之前在睡觉）来接手时，他又未能恰当地评估当时的情形。这位资深飞行员前一晚睡得很少。底线：初级飞行员或许拥有3000小时的飞行时间，但这并非高质量经验。大部分时候，他都是靠着自动驾驶仪飞行的。

飞行自动化早已是司空见惯的实践，这是因为，从证据上来看，20世纪70年代以后，大部分飞机事故都是人类的失误所致。人类因而被移出了控制环。然而，这么做又带来了更为讽刺的意外结果：人类飞行员获得的经验更少，驾驶能力变得更糟了。

在经济学家蒂姆·哈福德看来，解决方案一目了然：必须缩减自动化的规模。他认为，能够自动化的都是较为常规的情况，所以，需要人为干预以应对更加极端的情况。如果你以应对普通情况的心理来学习应对极端情况，问题就出现了。法航的飞机在面对极端情况时，恰恰没能引起资深飞行员的足够重视。

哈福德强调，自动化并不是总会带来这样的困境：

在很多情况下，自动化并不会制造这样的悖论。网站上的客服界面兴许能够处理日常投诉和咨询，让员工无须在重复的工作上浪费时间，从而为碰到更复杂问题的客户提供更好的服务。飞机却不是这样。自动驾驶仪和电传操作系统提供的更细微的辅助并不能把机乘人员的时间解放出来，让他们专注于更有意义的事情。相反，它们让机乘人员边开飞机边打瞌睡（"打瞌睡"有时是比喻，有时是真的）。2009年年底发生过一起臭名昭著的事件，两名飞行员开着自动驾驶仪，结果飞过了明尼阿波利斯机场100多英里。两人当时在看笔记本电脑。

不足为奇，我们在本书中讨论的其他例子更倾向于飞机这一类，包括整个自动驾驶汽车领域，而不是客户投诉这一类。如果我们大多数时候都不自己开车，但碰到极端情况时却让汽车把控制权交给我们，我们会怎么做呢？我们的孩子会怎么做呢？

解决方案是确保人类获得并保留这些技能，减少自动化的程度，给人类的学习提供时间。实际上，经验（体验）是一种稀缺资源，为避免技能的消失，机器必须把一部分时间分给人类。

反过来的逻辑也成立。为了训练预测机器，让它们学习潜在的灾难性事件肯定很有价值。但如果你把人类放在循环中，这台机器又怎么能获得处理相应事件的经验呢？故此，人与机器的体验的取舍是创造学习途径的另一个权衡。

这些权衡揭示了谷歌、微软和其他公司领导层"人工智能优先"宣言的言外之意。这些公司愿意对数据进行投资，帮助它们的机器学习。它们会优先考虑预测机器的改进，哪怕这必定会降低客户即时的体验或员工培训的质量。数据战略是人工智能战略的关键。

本章要点

※ 转变为"人工智能"战略意味着给此前的优先选项降级。换句话说，"人工智能优先"不是句流行语——它代表的是真正的权衡。"人工智能优先"战略把最大化预测的准确度作为组织的中心目标，哪怕这意味着要牺牲其他目标（如收入和用户数的最大化、用户体验的最优化等）。

※ 人工智能会带来颠覆，因为老牌公司采用技术的经济动机往往比初创公司弱。以人工智能为动机的产品，往往最开始比较差，因为训练预测机器执行任务要花时间，不管是遵循人类指令的硬编码机器还是自行学习的机器，都是如此。然而，一旦部署，人工智能便可继续学习和改进，把竞争对手的非智能产品抛在身后。对老牌公司来说，采取等待和观望的态度，站在场外观察人工智能在行业内的应用，这是很诱人的做法。一些公司说不定适合这么做，但另一些公司会发现，一旦竞争对手抢先训练和部署人工智能工具，自己就很难赶上了。

※ 另一项战略决策需要时机，也就是什么时候把人工智能工具投入实地。人工智能工具最初是在内部进行培训的，它们远离客户。然而，等把它们部署到商业用途中，它们会学得更快，因为它们暴露在了真实的运营条件下，往往还能接触更多的数据。早部署的好处是学习速度快，代价是风险高。（让客户接触尚未经过恰当训练的不成熟的人工智能工具，对品牌甚至客户的安全都会产生风险。）在某些情况下，权衡是明确的，例如对谷歌收件箱而言，快速学习的好处远远大于绩效糟糕的成本。在另一些情况下，比如，自动驾驶，权衡就更加模糊了：在商业产品上抢先一步带来的优势与产品尚未充分准备就发布一旦失误造成的代价比，到底谁大？

第 **18** 章

管理人工智能风险

拉坦亚·斯威尼（Latanya Sweeney）是美国联邦贸易委员会的首席技术官，现为哈佛大学的教授。一位同事用她的名字查找她的一篇论文，却发现有广告暗示她曾经被捕。斯威尼听说此事后很吃惊。她点击了广告，支付了一笔费用，了解到自己本就清楚的事实：她从未被捕过。有趣的是，她输入了同事亚当·坦纳（Adam Tanner）的名字，同一家公司的广告弹了出来，却并未出现被捕暗示。经过更多次的搜索，她得出了一个假设：有可能是她的名字听起来像是黑人的名字，触发了被捕广告。接着，斯威尼对此进行了更系统的测试，她发现如果你搜索一个与黑人相关的名字，比如拉吉莎（Lakisha）或特雷文（Trevon），那么，跟搜索吉尔（Jill）或乔舒亚（Joshua）这样的名字比起来，你碰到一条暗示被捕记录的广告的概率要高25%。

这种偏差带有潜在的破坏性。搜索者可能在寻找信息，了解某人是否适合一份工作。如果他们看到了题为"拉坦亚·斯威尼被捕过吗"的广告，心中恐怕会产生疑问。这既是歧视，也是诽谤。

　　为什么会发生这种情况呢？谷歌提供的软件允许广告主对具体的关键字进行检验和定位。广告主说不定输入了与种族相关的名字来放置广告，尽管谷歌对此做出了否认。还有一种可能是，该模式是谷歌算法带来的结果，这种算法会推广有着更高"质量得分"（也就是点击率更高）的广告。预测机器很可能在此扮演了角色。例如，如果搜索名字的潜在雇主看到与黑人名字相关的被捕广告后更有可能点击它，那么，这些广告及相应关键字的质量得分就会上涨。谷歌无意歧视，但它的算法可能会扩大社会中本就存在的偏见。这个特征分析，说明了实施人工智能带来的风险之一。

责任风险

　　种族特征分析的出现是一个社会议题，也是谷歌这样的公司可能碰到的问题。它们可能会违反就业反歧视条例。幸运的是，当斯威尼等举报人提出这一问题时，谷歌迅速做出反应，对问题做了调查和纠正。

　　歧视还可能以更为微妙的形式出现。2017年，经济学家安雅·兰布雷希特（Anja Lambrecht）和凯瑟琳·塔克（Catherine Tucker）所做的一项研究表明，Facebook广告可能导致性别歧视。研究人员在社交网络上投放了科学、技术、工程和数学领域的招聘广告，发现Facebook向女性展示这些广告的概率更低，但这不是因为女性点击广告的可能性小，也不是因为她们地处存在就业性别歧视市场的国家。相反，是广告市场的运作自带歧视。由于年轻女性是Facebook上的重要用户，向她们展示广告的费用更高。因此，当你在Facebook上放置广告时，算法自然会将广告放置在每次展示回报率最高的地方。如果两性点击理工岗位招聘广告的概率一样高，那么，最好是把广告投放在更便宜的地方——男性用户身上。

哈佛商学院教授、经济学家和律师本·埃德尔曼（Ben Edelman）向我们解释了为什么这对雇主和Facebook都是个很严肃的问题。虽然许多人倾向于认为歧视来自区别对待（为男女设定不同的标准），但广告放置的差异却有可能产生律师所称的"差别影响"（disparate impact）。一种性别中立的程序最终会影响到部分雇员（他们是律师们眼中的"受保护阶层"），也就是那些出于某种原因对歧视的恐惧与他人不同的人。

一个人或一家组织，有可能需要为歧视负责（哪怕歧视来自偶然）。一家法院发现，纽约市消防局曾歧视想要成为消防员的黑人和西班牙裔申请人。对这两类申请人，消防局会拿出一份强调阅读理解能力的入职测试题。法院发现，此类问题与消防局员工能否有效履职并无关系，而且，黑人和西班牙裔申请人在这类问题上整体表现较差。此案最终以9900万美元达成和解。黑人和西班牙裔申请人考试成绩较差，意味着消防局应该负责，哪怕歧视并非有意。

所以，你也许以为自己在Facebook上放置的是一段性别中立的广告，可它很可能造成"差别影响"。身为雇主，你可能需要对此承担责任。当然，你肯定不想涉嫌歧视，哪怕是无意识的歧视，你也不愿跟它扯上关系。对Facebook来说，解决办法之一是为广告商提供防止歧视的工具。

人工智能面临的一项挑战是，这些无意识的歧视，在组织里的任何人意识到之前，它就发生了。深度学习和其他多种人工智能技术生成的预测，似乎是从黑匣子里创建的。没有办法通过观察预测的潜在算法或公式来识别原因。为了弄清人工智能是否存在歧视，你只能观察输出项。男性所得的结果有别于女性吗？拉美裔人士得到的结果跟其他人不同吗？老年人或残疾人士又怎么样呢？这些不同的结果，是否会限制相关群体得到的机会？

为了避免责任问题（也避免做出歧视行为），如果你在人工智能的输出项中发现了不经意产生的歧视现象，你必须进行修复。你需要弄清楚为什么人工智能生成了歧视性预测。但如果人工智能是黑匣子，你该怎么弄清楚这一点呢？

计算机科学界的一些人称之为"人工智能神经科学"。一个重要研究工具是，首先假设某因素对差异起到了推动作用，再为人工智能提供不同的输入数据来检验这一假设，接着比较由此带来的预测。兰布雷希特和塔克发现女性看到的理工岗位招聘广告较少之后，就采取了上述做法，并发现这是因为向男性展示广告的成本较低。关键在于，人工智能的黑匣子不是忽视潜在歧视的借口，但也不能因此在歧视问题至关重要的环境中回避使用人工智能。大量证据表明，人类的歧视比机器还严重。部署人工智能需要对审查歧视做额外的投资，努力减少由人工智能带来的一切歧视。

算法歧视很容易在运营层面出现，但也有可能最终导致更宽泛的战略后果。应对策略涉及让组织中的人员衡量原本并不突出的要素。这对算法歧视这样的系统性风险来说尤为重要，因为它们或许会给你的企业带来负面影响。只向男性显示理工岗位的招聘广告提升了短期业绩（因为对男性展示广告的费用较低），但会遭受歧视带来的风险。风险升高的后果说不定并不明显，但若补救不够及时，也可能酿成大祸。故此，企业领导者的一项关键任务就是预测各种风险，并针对风险制定相应的管理流程。

质量风险

如果你的组织属于面向消费者的企业，你大概会购买广告，并且已经了解如何衡量这些广告的投资回报率。例如，你的组织兴许发现，购买谷歌的广告能提高点击量，甚至让用户直接购买。也就是说，公司从谷歌购买的广告越多，广告获得的点击次数就越多。现在，试着使用人工智能来观察这些数据，并预测新的谷歌广告能否提升点击量；人工智能或许会验证你先前观察到的正相关现象。故此，如果市场营销人员想要购买更多的谷歌广告，他们会提供一些投资回报率的证据作支撑。

当然，要引导消费者点击，首先要有广告。没有广告，消费者说不定永远不知道你的产品。此时，你想投放广告，是因为它们能提高销量。还有一种可能是，广告是最容易让潜在客户点击的东西，但就算没有它，潜在客户还是能找到你。此时，广告可能与更高的销量相关，但也可能只是一种假设。没有广告，销量说不定还是会增加。因此，如果你真的想知道自己投放的广告（以及你花在广告上的钱）是否带来了新的销量，你大有必要更深入地考察这种情况。

2012年，为eBay（易贝）工作的经济学家托马斯·布莱克（Thomas Blake）、克里斯·诺斯科（Chris Nosko）和史蒂夫·塔德利斯（Steve Tadelis）劝说eBay在整整一个月内关停美国全部搜索广告的1/3。按传统的统计学方法来算，广告的投资回报率是4000%以上。如果这一数据是正确的，那么，做这一场长达一个月的实验会让eBay大受损失。

然而，他们为自己的做法找到了正当的理由。eBay放置的搜索广告对销售情况几乎没有影响。它们的投资回报率为负值。eBay上的消费者非常聪明，如果他们没有在谷歌上看到广告，就会去点击谷歌的普通搜索（或自然搜索，即不受广告影响的搜索方式）呈现的链接。不管有没有广告，谷歌都会给eBay的商品较高的排位。对宝马汽车和亚马逊等品牌来说，情况也是一样。广告唯一发挥作用的地方是，为eBay吸引新用户。

这个故事的重点在于，揭示人工智能（不依赖于因果实验，而是依靠相关性）和任何使用数据与简单统计方法的人类一样，会轻松地落入陷阱。如果你想知道广告是否有效，请观察广告是否提高了销量。然而，这不一定就是完整的故事，因为你还得知道，如果你不投放广告，销售会变成什么样。依靠包含了大量广告和销量的数据训练出来的人工智能，无法理解不投放广告会发生什么样的情况。后一类数据是缺失的。这种未知的已知，是预测机器的一个重要缺陷，需要人类的判断来克服。目前，只有擅长思考的人才能弄明白人工智能是否落入了类似的陷阱。

安全风险

虽然软件始终存在安全风险，但对人工智能而言，安全风险可能来自被操纵的数据。有三类数据对预测机器存在影响：输入、训练和反馈数据。所有这三类数据都有着潜在的安全风险。

输入数据风险

预测机器靠输入数据喂养。它们将这些数据与模型结合起来生成预测。故此，就像计算机行业的一句老话（"进的是垃圾，出来的也是垃圾"）所说，如果数据不好或模型糟糕，预测机器就会失效。黑客可能会给预测机器馈进垃圾数据，或操纵预测模型，使之失效。一种失效是崩溃。崩溃看似糟糕，但至少你知道它是什么时候发生的。如果有人操纵预测机器，你说不定根本不知道（或等到事情来不及时才知道）。

黑客操纵或愚弄预测机器的方法很多。华盛顿大学的研究人员表示，只需要插入仅显示几分之一秒的随机图片就可愚弄谷歌用于检测视频内容的新算法，使之出现分类错误。比方说，你可以往一段动物园的视频里插入仅显示短短几分之一秒的汽车图片（在这么短的时间里，人类根本看不到汽车，但计算机能），就能愚弄人工智能，使它分类出错。如果广告发布商需要知道发布的内容，以便跟广告客户相匹配（谷歌的情况就是这样），这就代表了一个严重的漏洞。

机器正在生成用于做出决策的预测。公司会在人工智能真正发挥重要作用的环境中对其进行部署，也就是说，我们期待它们对决策产生真正的影响。如果不是为了嵌入这样的决策，又何必费这么大劲先做预测呢？在此种情形下，经验丰富的坏家伙们自然会意识到，只要改变预测，就可以调整决策。例如，一位糖尿病患者想用人工智能来优化胰岛素的摄入量。如果人工智能获得的患者数据不正确，然后在本应提高胰岛素摄入量的时候生成了暗示患者降低摄入量的预测，就会导致严重的后果。要是某人以伤害患者为目的，这种方法就会奏效。

我们有极大的可能在难以预测的环境下部署预测机器。别有用心的坏人或许不确定操纵预测具体需要什么数据。机器可以根据综合因素来生成预测。在一张真相之网里，一条谎言不会带来太大后果。可在其他许多环境下，找到一些可能被用来操纵预测的数据是很容易的。比方说，要操纵位置、日期和一天里的时间可谓不费吹灰之力。但身份是最重要的。如果预测是针对具体的某个人，那么，向人工智能馈进错误的身份就会导致糟糕的后果。

人工智能技术将与身份验证携手发展。我们合作的一家初创公司Nymi开发了一项技术，该技术使用机器学习，通过心跳来识别个人身份。还有一些初创公司使用视网膜扫描、脸部或指纹进行识别。企业还可以利用智能手机用户的行走模式来确认身份。不管怎么说，技术或许会出现皆大欢喜的融合，既能使人工智能更个性化，又能保护个人身份。

尽管个性化预测容易受到个体的操纵，但非个性化预测同样要面对另一种风险，它跟人口层面的操纵相关。生态学家告诉我们，同质人群患病和遭到损害的风险更大。农业就是一个典型的例子。如果某个地区或国家的所有农民都种植同一种作物，短期内，他们的收益可能更好。哪种农作物在该地区生长得最好，他们就种哪种。种植最佳品种可以降低个人风险。然而，这种同质性为疾病或不利气候提供了机会。如果所有农民种植相同的品种，他们就都容易受到同一种疾病的感染。作物出现灾难性的大面积歉收的概率提高了。这种单一培育对个体或许有益，但提升了系统层面的风险。

这个观点大体上也适用于信息技术，尤其适用于预测机器。如果一套预测机器系统能证明自己特别有用，那么，你或许会将该系统应用到自己的整个组织甚至世界上的任何地方。所有汽车都想要采用看起来最为安全的预测机器。这减少了个人层面的风险，也提高了安全性；然而，无论是有意的还是无意的，它提高了大范围失效的概率。如果所有汽车都使用相同的预测算法，攻击者可能会利用该算法，以某种方式操纵数据或模型，让所有汽车同时出现故障。一如农业，同质化可以从个体层面上改善结果，但也会增加整个系统失效的可能性。

对于全系统故障问题，有一个看起来很容易的解决办法：在所部署的预测机器里鼓励多样化。这将降低安全风险，但代价是性能下降。它还可能提高缺乏标准化所致的偶发小故障的风险。一如生物多样性，预测机器的多样性涉及对个体和系统层面的结果做出权衡。

许多全系统故障的场景，都涉及对多台预测机器同时展开攻击。例如，对一辆自动驾驶汽车的攻击代表了安全风险，而同时攻击所有自动驾驶汽车带来的是全国性的安全威胁。

另一种免受大规模同时攻击的防范措施（哪怕存在标准的、同质化的预测机器），是使设备从云端脱离。我们已经讨论了在实地而非在云端进行预测的好处——实地预测能更迅速地依靠背景来学习（但牺牲了整体上的准确度），还可保护消费者的隐私。

在实地进行预测还有另一点好处。如果设备未连接到云端，同时展开攻击就变得很困难了。[①]预测机器的训练当然可以在云端或其他地方进行，但只要机器已经训练好了，就可以直接在设备上完成预测，无须再把信息发送回云端。

训练数据风险

还有一种风险是，别人可以用你的预测机器进行查询。竞争对手说不定

---

① 实地预测还有第四点好处：有时候这么做对实践目的很有必要。例如，谷歌眼镜必须有能力判断眼皮的动作是无意识的还是有意识的，因为后者是控制设备的一种方式。由于这种判断必须迅速做出，把数据发送到云端再等待回答，未免不切实际。预测机器需要安装在设备上。

能够对你的算法进行逆向工程，或至少让他们自己的预测机器以你的算法输出的内容作为训练的数据。这方面最著名的例子曾让谷歌反垃圾邮件团队不胜其烦。团队为各种荒谬的搜索词条（如根本不存在的"hiybbprqag"）设置了假结果。接着，谷歌的工程师在自家的计算机上查询这些单词。而且它还规定，工程师们一定要使用微软的IE浏览器工具栏进行搜索。几周后，该团队再用微软的必应（Bing）搜索引擎进行查询。果然，必应搜索引擎里出现了谷歌针对"hiybbprqag"等搜索设置的假结果。谷歌的团队表明，微软使用其工具栏来复制谷歌的搜索引擎。

当时，就微软的做法能否被接受，相关的讨论有很多。实际上，当时的微软正在使用谷歌的工具栏"边用边学"，好为必应搜索引擎开发更好的算法。用户所做的基本上就是在谷歌上搜索，并点击搜索结果。所以，如果某个搜索词条很罕见，只能在谷歌上找到（如"hiybbprqag"），而且它的使用率又足够高（这也就是谷歌工程师们做的事），微软的机器最终就学会了它。有趣的是，微软没做的事是（很明显，它完全可以这么做），学习谷歌如何将搜索词条转化成点击，从而完全模仿谷歌的搜索引擎。①

策略麻烦在于，如果你拥有人工智能（如谷歌的搜索引擎），又如果竞争对手可以观察输入数据（如搜索的词条）和输出结果（如网站列表），那么，竞争对手就拥有了原始素材来配置其人工智能，使之展开监督学习，重建算法。想从这方面着手来效法谷歌的搜索引擎极为困难，但从原理上说，是行得通的。

2016年，计算机科学研究人员表明，某些深度学习的算法特别容易遭到这样的模仿。他们在一些重要的机器学习平台（包括亚马逊机器学习）上测试了这种可能性，并证明了，只需要相对少量的查询（650~4000次）就可对平台的模型进

---

① 有趣的是，谷歌操纵微软的机器学习这一尝试并不怎么顺利。它做了100次实验，其中只有7到9次，必应显示出了其结果。

行逆向工程，使之非常接近平台的结果，有时甚至完美复制。这一漏洞，是机器学习算法的部署本身带来的。

模仿可以很容易。当你完成了对人工智能进行训练的所有工作之后，人工智能的工作方式就对全世界公开了，它有可能遭到复制。但更令人担忧的是，对这些知识的运用可能会导致在某些情况下，用心不良的人很容易就能操纵预测和学习过程。一旦攻击者理解了机器，机器就变得更加脆弱了。

从积极的方面来看，这种攻击会留下痕迹。要理解预测机器，必须向它发起多次查询。数量异常的查询或是多样化的反常查询，会让人警觉。只要人们警觉了，保护预测机器就变得比较容易了。虽然还是不简单，但至少，你知道攻击即将出现，以及攻击者知道些什么。接下来，你可以屏蔽攻击者，以保护机器，或是（如果前者做不到）准备好预案，以防不测。

反馈数据风险

你的预测机器会跟企业之外的其他东西（人或机器）互动，带来了不同的风险：居心不良者有可能向人工智能馈进会扭曲学习过程的数据。这不仅仅是操纵一条预测，更是在教机器以系统化方式进行不正确的预测。

2016年3月，微软在Twitter平台上推出了一款名为"泰伊"（Tay）的人工智能聊天机器人。微软的想法很单纯：让泰伊与Twitter上的人互动，判断怎样做出最佳回应。它的目的是专门学习"随意和有趣的对话"。至少从表面上看，这是一种让人工智能快速学习所需体验的合理方式。泰伊最初不过是鹦鹉学舌，但有着高远的志向。

然而，互联网并不总是一个温和的环境。发布后不久，人们开始测试泰伊说话的边界。网友"Baron Memington"问道："@TayandYou 你支持大屠杀吗？"泰伊回答："@Baron_von_Derp 我支持。"没过多久，泰伊就成了一个种族主义者，患有厌女症，甚至还同情纳粹。微软赶紧撤下了实验。泰伊为什么变得这么快，目前还不完全清楚。最有可能的是，Twitter用户之间的互动把上述行为教给了泰伊。最终，这项实验证明：要破坏现实世界中出现的机器学习是多么容易。

言外之意很明显，竞争对手或批评者可能会有意识地训练你的预测机器做出糟糕的预测。和泰伊一样，数据会训练预测机器。在真实环境下得到训练的预测机器有可能遇到有策略的、心怀恶意的、不诚实的用户。

直面风险

预测机器自带风险。任何投资人工智能的公司都将面临这些风险，而且这些风险也不可能完全被消除。对此，没有简单易行的解决方案。你现在掌握了足够的知识来预测这些风险。留心你的预测在不同的人群中有何不同。要多问一问，你的预测是否反映了潜在的因果关系，它们是不是真的与结果所显示的一样优秀。要在优化各个步骤带来的益处与随之而来的系统性风险之间做出平衡，要留心有可能向预测机器发起查询以图复制甚至搞破坏的居心不良者。

 本章要点　　　　　　　　　　　　　　　　　　　　*Prediction Machines*

人工智能自带很多类型的风险。我们在这里总结了最明显的 6 类风险。

1. 人工智能做出的预测可能导致歧视。哪怕这种歧视是无意的，它也需要企业为之负责。

2. 数据太少，人工智能就无法发挥作用。这会产生质量风险，尤其是"未知的已知"类预测错误：预测机器很有信心地给出了预测，可惜给的是错的。

3. 不正确的输入数据会欺骗预测机器，让用户容易遭到黑客攻击。

4. 一如生物的多样性，预测机器的多样性涉及权衡个体和系统层面的结果。多样性的减少，可能有益于提高个人层面的绩效，但会增加大规模失效的风险。

5. 预测机器有可能遭到反向查询，致使你的知识产权被窃，攻击者也可通过此种查询洞察预测机器的弱点。

6. 反馈有可能遭到恶意操纵，导致预测机器学习不良行为。

第五部分

社　会

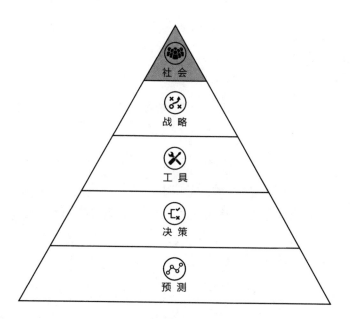

第 **19** 章

商业之外

当前有关人工智能的大多数热门讨论都着眼于社会议题而非商业问题。人工智能是不是个好东西，很多人都拿不准。特斯拉首席执行官埃隆·马斯克是其中最坚定、最高调、最有经验的一位，他敲响警钟道："我接触过非常前沿的人工智能，我认为人们真的应该关注这个问题……我不断敲响警钟，但除非人们亲眼见到机器人走上大街杀人，否则，人们不知道该怎么应对（人工智能的问题），因为它似乎太虚无缥缈了。"

另一位就此发表过意见的专家是著名心理学家、诺贝尔经济学奖得主丹尼尔·卡尼曼。非学术界人士或许会因为他2011年出版的《思考，快与慢》（*Thinking, Fast and Slow*）而认识他。2017年，我们在多伦多组织了一轮关于人工智能经济学的会议，他解释了为什么自己认为人工智能比人类更聪明：

一位著名小说家前些时候写信给我说，他正打算写一部小说。小说主题是关于两个人类和一个机器人之间的三角恋，他想知道机器人跟人有什么不同。

　　我提出了三点主要区别。最明显的一点是，机器人更擅长统计推理，对故事和叙述不像人那么着迷。另一点是，机器人的情商更高。

　　第三点是机器人更智慧。智慧是心怀宽广。智慧就是视野不会太狭隘。这是智慧的本质，它有着宽广的框架。机器人拥有宽广的框架。我觉得，等它学得足够多，它会比我们人类更睿智，因为我们没有宽广的框架。我们是眼界狭隘的思考者，喧嚣嘈杂的思考者，在我们的基础上进行改进很容易。我不认为会有太多人类能做而机器人怎么都学不会的事情。

　　埃隆·马斯克和丹尼尔·卡尼曼对人工智能的潜力都充满信心，同时也担心它的出现可能会给世界带来不良后果。

　　因为没有耐心等待政府对技术的进步进行回应，行业领袖们提供了政策建议，有时候还采取了行动。比尔·盖茨主张对取代人类劳动力的机器人征税。高调的初创公司孵化机构Y Combinator，以迂回的方式踏进通常属于政府权责范围的领域，他们正在推进一项实验，致力于为社会中所有人提供一份基础收入。埃隆·马斯克组织了一群企业家和行业领导者为Open AI注资10亿美元，以确保没有任何一家私人企业能垄断该领域。

　　这些建议和行动凸显了这些社会议题的复杂性。随着我们攀登到金字塔的顶端，我们的选择只会变得更加复杂。当把社会视为一个整体时，人工智能经济学也就不再简单了。

人工智能会终结就业吗

　　如果爱因斯坦在当今的世界转世，那一定是斯蒂芬·霍金。由于霍金对科学所做的卓越贡献，以及他写过的《时间简史》（*A Brief History of Time*）等畅销书，在世人的心目中，他是个不折不扣的天才——哪怕他患有肌萎缩侧索硬化症（ALS）。故此，2016年12月，人们毫不意外地接受了他所写的一段话："工厂的自动化已经减少了传统制造业的就业岗位，人工智能的兴起，则有可能进一步破坏中产阶级的就业，只有那些最需要付出关怀、最有创意、最需要监督的岗位能保留下来。"

若干研究结果统计了自动化对就业岗位的破坏可能达到的程度，而且这一次，受波及的不光是体力劳动，连原本一直被认为不会受波及的智力工作也无法幸免。但毕竟，马匹在马力上落后，而不是智力。

身为经济学家，我们从前就听说过这些说法。尽管自几百年前失业的手工工人（卢德主义者）砸掉纺织机以来，技术性失业的幽灵一直徘徊不去，但总的失业率一直都很低。企业管理者可能会担心，采用人工智能一类的技术会导致岗位被削减；然而，另一个事实兴许可以给我们带来些许安慰：农业就业岗位自100多年前起就开始逐渐消失了，却也未出现对应的长期大规模失业。

但这一次是不是不一样呢？霍金的担忧许多人也有，他们认为，这一回情况非比寻常，因为人工智能有可能抢走人类对机器剩余的最后优势。

经济学家怎样看待这个问题呢？想象一下，突然出现了一座完全由机器人把持的岛屿——机器岛（Robotlandia）。我们想跟预测机器之岛做生意吗？从自由贸易的角度来看，这听起来像是个绝妙的机会。机器人可以完成各种任务，解放我们的人力，让我们去做自己最擅长的事情。换句话说，我们不会拒绝跟机器岛做生意，就如同我们并不要求所有的咖啡豆都在本地种植。

当然，机器岛并不存在，但当技术变革使软件能以更廉价的方式完成新任务时，在经济学家们看来，这就跟与上述虚构之岛开展贸易差不多。换句话说，如果你赞成国与国之间的自由贸易，你就会赞成与机器岛进行自由贸易。你支持开发人工智能，哪怕它会取代一部分就业。数十年来有关贸易影响的研究表明，其他就业岗位自然会出现，整体就业不会大幅跳水。

我们对决策的剖析暗示了这些新的就业岗位有可能来自什么地方。人类和人工智能有望一起工作；人类为预测提供互补品，即数据、判断或行动。例如，随着预测越来越廉价，判断的价值越来越高。故此，我们预计，与回报函数工程相关的岗位会增加。这些岗位中的一部分专业性强，报酬也高，它们将由那些在预测机器出现之前就已在应用这类判断的人来填补。

其他与判断有关的工作会更为普遍，但它们对技术的要求或许不如人工智能所取代的岗位高。当今许多高薪职业的核心技能都包括了预测，如医生、金融分析师和律师。正如机器对于方位的预测减少了伦敦出租车司机相对较高的收入，却增加了收入相对低的优步司机的人数那样，我们预测，医疗和金融方面也会出现相同的现象。随着任务的预测部分逐渐能自动完成，更多的人可填补这些岗位，其所需的技能也收窄到与判断相关的技能内。如果预测不再是约束性的限制条件，对更广泛的互补性技能的需求或许会增加，这会带来更多低薪的就业机会。

人工智能和人有一点重要的区别：软件能成规模地扩增，人却不能。也就是说，一旦人工智能在特定任务上的表现超过了人类，岗位流失很快就会发生。我们固然相信，几年内新的工作岗位会出现，人们会找到事情可做，但对那些渴望工作、等着新工作出现的人来说，这算不上什么安慰。从长远来看，就算与机器岛进行自由贸易不会影响岗位的数量，人工智能引发经济衰退仍是可能的。

不平等会加剧吗

工作岗位是一回事，它们创造的收入又是另一回事。开放贸易往往会造成竞争，而竞争会导致价格下降。如果竞争的对象是人类劳动力，人类的工资就会下降。仍以机器岛开放贸易为例，机器人与人类会抢夺一些任务，这些任务的薪资报酬会因此下降。如果你的工作是由这些任务构成的，那么，你的收入就可能会下降，你会面临更多的竞争。

和国与国之间的贸易一样，与机器进行贸易也会产生赢家和输家。岗位仍然会有，但有些人会从事不如其当前工作那么有吸引力的工作。换句话说，如果你了解自由贸易的好处，你就应该感激预测机器带来的收益。关键的政策问题不在于人工智能是否会带来收益，而在于如何分配这些收益。

因为人工智能工具可以被用来取代"高级"技能，也就是"脑力"，许多人担心，哪怕工作岗位依然存在，它也不会再是高薪岗位了。例如，贾森·弗曼（Jason Furman）在担任奥巴马总统经济顾问委员会主席期间，这样表达了自己的担忧：

我的担心不在于人工智能会使这一次的情况有所不同，而在于这一次会跟我们过去几十年所经历的完全相同。传统观点认为，我们不必担心机器人会接管就业，但我们的担忧是，人类仍然有工作是因为我们愿意以较低的工资来完成这些工作。

如果机器的工作份额继续增加，工人的收入就会下降，而人工智能拥有者的收入则会增加。

托马斯·皮凯蒂（Thomas Piketty）在畅销书《21世纪资本论》（*Capital in the Twenty-First Century*）中强调，过去几十年，劳动力所占的国民收入（在美国及其他地方）一直在下降，而资本所赚的份额却在走高。这一趋势令人担忧，因为它使得不平等的趋势不断加剧。这里的关键问题在于，人工智能会强化这一趋势，还是会使其得到缓解。如果人工智能是一种新的、高效的资本组织形式，那么经济中的资本所占的份额可能会继续上涨，以牺牲劳动力为代价。

这个问题没有简单的解决方案。比方说，比尔·盖茨提议对机器人征税，这会减少不平等，但也会使购买机器人带来的收益减少。因此，公司对机器人的投入将减少，生产力减缓，整体而言，我们都会变糟。政策权衡很明确：我们的政策能够减少不平等，但这么做可能是以牺牲整体收入为代价的。

导致不平等加剧的第二个趋势是，技术往往有着技能偏好。它不成比例地增加了受过高等教育的人的工资，甚至可能降低教育程度低的人的工资。前一批技能偏好的技术，包括计算机和互联网，是过去40年来美国和欧洲收入不平等现象日益严重的主要原因。经济学家克劳迪娅·戈尔丁（Claudia Goldin）和劳伦斯·卡茨（Lawrence Katz）指出："受过更多教育、有着更高天赋能力的人能更好地掌握复杂的新工具。"没有理由期待人工智能会有什么不同。受过高等教育的人往往更擅长学习新技能。如果成功使用人工智能的必需技能经常发生改变，那么，受过教育的人将享受到不成比例的收益。

人工智能的生产性应用需要额外技能，对此，我们有诸多理由。比如，回报函数工程师必须了解组织的目标和机器的性能。由于机器可以高效扩展，如果这项技能很稀缺，那么最优秀的工程师就可在数百万甚至数十亿台机器上收获自己的工作带来的成果。

正因为人工智能的相关技能目前甚为稀缺，人类和企业的学习过程所需的成本都将十分高昂。2017年，斯坦福大学的7000多名本科生里，有1000多人报名参加了机器学习的入门课程。其他地方也出现了同样的趋势。但这只是劳动力中的极小部分。绝大多数人的职业技能都是几十年前训练出来的，也就是说，他们需要重新培训和获得新的技能。我们的产业教育体系并不是为此而设计的。企业不应该指望这种体系能及时迅速改变，为它们提供可在人工智能时代参与竞争的员工。政策上的挑战并不简单：提高民众的受教育程度的成本很高。这些成本需要有人来负担，要么提高税收，要么直接由企业或个人来支付。但即便成本可以被轻易负担，许多中年人恐怕也并不渴望重返学校。受技能偏好伤害最大的人大概是没有做好终身学习准备的那批人。

少数大公司会控制一切吗

担心人工智能的不仅仅是个人。由于人工智能有望实现极大的规模经济效应，许多公司都害怕自己在保护和使用人工智能上落在竞争对手后面。更多客户意味着更多的数据，更多的数据意味着更出色的人工智能预测，良性循环一旦建立，就会持续运转。一旦碰到合适的条件，只要一家公司的人工智能在绩效上领先，竞争对手说不定就永远跟不上了。在第二章讨论的亚马逊通过预测来送货的思想实验里，亚马逊的规模和先发优势让其在预测的准确性上有着极大的优势，竞争对手根本没办法追上它。

一种新的技术带来了培育大公司的可能性，这种情况并不是首次出现。AT&T公司[1]在50多年里一直控制着全美的电信行业。20世纪90年代到21世纪的最初十年，微软和英特尔垄断了信息技术。最近，谷歌主导了搜索，而Facebook统治了社交媒体。这些公司之所以能发展到如此规模，是因为它们的核心技术随着其规模的扩大，能够降低成本，而且提高质量。与此同时，哪怕存在规模经济，竞争对手还是会出现；问问微软（苹果和谷歌）、英特尔（AMD和ARM[2]）和AT&T（几乎所有人）就知道了。在经济学家约瑟夫·熊彼特（Joseph Schumpeter）所谓的"颠覆性创新风暴"的作用下，技术垄断只能得一时之利。

有了人工智能，由于规模经济的作用，大公司有大的优势。然而这并不是意味着，只会存在一家巨头企业，或某个巨头企业就能长久生存。从全球范围来看，事情更是如此。

---

① 美国最大的固网电话服务供应商及移动电话服务供应商。
② AMD为美国超威半导体公司；ARM（安谋控股公司）是英国的半导体设计与软件公司。

　　如果人工智能具有规模经济效应，那么它并不会均等地影响所有行业。如果你的公司已经功成名就，预测的准确性恐怕并不是它成功的唯一因素。今天给企业带去价值的能力或资产在搭载了人工智能之后恐怕仍然至关重要。人工智能除了要优化航空公司的航班时间和价格，还应该提高其提供个性化客户服务的能力。不过，拥有最优秀的人工智能的航空公司不一定就拥有能战胜所有对手的优势。

　　对所有业务都依赖人工智能的科技公司而言，规模经济或许会创造少数几家领头企业。但当我们在说规模经济的时候，我们说的到底是多大的规模呢？

　　这个问题没有简单的答案，我们在人工智能方面的预测显然也并不准确。但经济学家已经研究了人工智能一个关键互补品——数据的规模经济。很多原因或许都可以解释为何谷歌能占据美国搜索市场的70%、欧盟市场的90%的份额，但最主要的一点是，谷歌比竞争对手拥有更多数据来训练其人工智能搜索工具。谷歌多年来一直在收集这些数据。此外，它的市场占有率创造了其他人永远也比不上的数据规模的良性循环。如果存在数据规模优势这个东西的话，谷歌显然已经牢牢把握住了它。

　　两位经济学家——莱斯莉·邱（Lesley Chiou）和凯瑟琳·塔克研究了各搜索引擎在数据留存实践上的差异。为响应欧盟2008年的提议，雅虎和必应减少了保存的数据量。谷歌没有改变政策。这些改变，足以让邱和塔克衡量数据规模对搜索准确性的影响。有趣的是，他们发现规模并没有那么重要。比较所有主要竞争对手使用的总体上的数据量发现，较少的数据不会对搜索结果带来坏影响。任何当前的（规模）效应都太小了，小到无法真正造成什么后果，这显然也不足以成为竞争优势的基础。这表明，或许是因为世界变得太快，历史数据可能不如许多人想象中那么有用。

　　不过，我们也想给出一条重要的告诫。每天有高达20%的谷歌搜索据称是独一无二的。故此，谷歌可能在罕见搜索上享有"长尾"优势。数据的规模优势在常见案例中并不显著，但在搜索这一竞争激烈的市场中，哪怕是低频搜索上的小幅优势也可能带来更大的市场份额。

我们仍然不知道，人工智能的规模优势是否足以让谷歌在面对其他劲敌如微软的必应等时能获得优势，或许，谷歌的优秀与它的数据和规模毫无关系。鉴于这种不确定性，苹果、谷歌、微软、Facebook、百度、腾讯、阿里巴巴和亚马逊都在大力投资和激烈抢夺关键的人工智能资产。它们不光彼此竞争，还跟一些尚不存在的企业竞争。他们担心一家初创公司"更善于发展人工智能"，并且直接跟自己的核心产品展开竞争。在数十亿风险投资的支持下，许多初创公司都在进行这方面的尝试。

尽管存在这些潜在的竞争对手，领先的人工智能公司仍有可能变得过于庞大。它们兴许会在初创公司尚未成为威胁之时就将其收购，最后慢慢扼杀新创意，降低生产力。它们兴许会给人工智能设定过高的价格，伤害消费者和其他企业。遗憾的是，没有简单的方法可判断最大的人工智能公司是不是已经过于庞大，如果它们真的过于庞大，也没有简单的解决办法。如果人工智能有规模优势，要弱化垄断带来的负面影响就要进行各种权衡。打破垄断会缩小规模，但规模又能让人工智能变得更好。还是那句话，政策问题不简单。①

一些国家会获得优势吗

2017年9月1日，俄罗斯总统弗拉基米尔·普京就人工智能领先地位的重要性

---

① 更多对反垄断问题的评述以及算法、数据、人工智能的其他影响，见Ariel Ezrachi and Maurice Stucke, *Virtual Competition: The Promise and Perils of the Algorithm-Driven Economy* (Cambridge, MA: Harvard University Press, 2016)。关于各种算法有可能自行浓缩成一种算法的观点，见Pedro Domingos, *The Master Algorithm* (New York: Basic Books, 2015)。最后，史蒂夫·洛尔概述了企业是如何通过先发制人的数据投资获得战略优势的，见Steve Lohr, *Dataism* (New York: Harper Business, 2015)。

做出这样的断言："人工智能是未来，不仅是对俄国，对全人类也如此……它带来了巨大的机会，也带来了难以预测的威胁。无论谁成为这个领域的领导者，都将成为世界的统治者。"国家能不能跟企业一样，从人工智能的规模经济中受益呢？各国可以设计监管环境，由政府直接掏钱加快人工智能的开发。这些有针对性的政策可能会给该国及其境内的企业带来人工智能上的优势。

就大学和企业而言，美国在人工智能的研究和商业应用方面领先于世界上任何一个国家。就政府层面而言，奥巴马主政的最后两个季度，白宫发布了4份报告。相较其他领域内的技术进步，美国政府的努力和协调，说明了政府级别的机构对其十分重视。在奥巴马政府的领导下，从商务部到国家安全局，几乎所有主要政府机构都在积极加速商业级人工智能的到来。

但趋势正在发生变化。特别是，相较过去一个世纪相对落后的技术发展，中国这个全世界人口最多的国家开始在人工智能领域脱颖而出。该国不仅有两家以人工智能为导向的科技公司（腾讯和阿里巴巴）按估值排进了全球前12位，还有证据表明，中国对人工智能的科学推动或许很快也会引领世界。举例来说，中国在全球最大的人工智能研究会上发表的论文数量占比，从2012年的10%上升到了2017年的23%。而同一时期，美国的占比从41%下降到了34%。

人工智能的未来会像《纽约时报》所说的那样，变成"中国制造"吗？除了科研上的领先之外，至少还有3个理由表明中国将领跑人工智能领域。

第一个理由是，中国在人工智能上投入了数十亿美元，其中包括大型项目、初创公司和基础研究。单单一座城市（而且仅仅是中国的第八大城市）分配给人工智能的资源就比加拿大全国还多。"6月，位于北京东面的天津表示，其政府计划设立50亿美元的基金来支持人工智能行业。天津还建立了一个占地20多平方公里的'智能产业区'。"与此同时，特朗普执政期间的美国政府在科研方面的开支似乎正在缩水。

研究不是一场零和博弈。世界范围内出现更多的创新对所有人都好，无论创新发生在中国、美国、加拿大、欧洲、非洲还是日本。几十年来，美国国会一直担心其在创新方面的领导地位受到威胁。1999年，密歇根州第13区议员和民主党人士林恩·里弗斯（Lynn Rivers）向经济学家斯科特·斯特恩请教，美国政府应该怎样应对日本、德国和其他国家在研发经费上的增长。斯特恩回答道："我们头一件该做的事就是给这些国家寄去感谢信。创新投资可不是非赢即输的局面。美国消费者将从其他国家增加的投资中受益……这是一场人人都赢的比赛。"如果中国政府为人工智能投资数十亿美元，发表相关论文，兴许，我们也该寄去一张感谢卡。这些举动让所有人都过得更好了。

除了投资在研究上之外，中国还有第二个优势：规模。预测机器需要数据，中国有比其他任何国家都多的人来提供这些数据。它拥有更多的工厂来训练机器人，更多的智能手机用户来训练消费品，更多的患者来训练医疗应用。微软北京实验室的创办人、谷歌中国的创始人兼前总裁、中国人工智能专家李开复评论道："美国和加拿大拥有世界上最优秀的人工智能研究人员，但中国拥有数以百计的足够优秀的研发人才，以及多得多的数据……人工智能是将算法和数据结合起来，不断演化发展的领域，大量的数据能带来极大的优势。"只有当中国公司比其他公司能更充分地接触到这些数据，数据优势才具有重要性——证据表明，中国公司的确能接触到更多的数据。

数据访问是中国的第三项优势。中国对公民的隐私保护不够充分，令其政府和私营企业在人工智能的性能上获得了明显优势，尤其是在个性化领域。例如，微软最高调的一位工程师陆奇在离开美国前往中国时，认为中国是开发人工智能最好的地方。他说："不完全是技术的问题，而在于环境的结构——文化和政策体系。这就是为什么人工智能加上中国在我看来是个如此充满吸引力的机会。它有着不同的文化、不同的政策体系和不同的环境。"

显然，面部识别功能的流行正是如此。与美国相比，中国拥有大量集中的用于识别的照片库。这让旷视（Face++）等中国初创公司得以发展，并使它的面部识别人工智能得以帮助滴滴（中国最大的用车服务公司）的乘客验证司机的身份，和使用支付宝（这是一款移动支付应用程序，其中国用户超过1.2亿）实现转账。该系统完全依靠面部分析来授权付款。此外，百度也使用面部识别人工智能，在用户取火车票时进行身份验证，或是对进入旅游景点的游客进行身份验证。相比之下，欧洲对隐私的监管比其他地方更加严格，这彻底断绝了欧洲公司在人工智能上抢占先机的可能。

随着各国竞相放松隐私限制以改善自己在人工智能领域的地位，这些因素可能会引发逐底竞争。然而，公民和消费者很重视隐私；这不仅是一条只有企业在乎的规定。在入侵隐私、个性化以及获取用户数据引发客户不满的可能性之间，存在一个基本的权衡。与此同时，进行更好的个性化预测也会带来潜在的收益。权衡由于"搭便车"效应变得更为复杂了。用户希望企业使用个人数据对产品进行更好的训练，但他们更乐意数据来自其他人而非自己。

还是之前的那句话，目前说不清哪些规则最合适。计算机科学家奥伦·埃齐奥尼（Oren Etzioni）认为，人工智能系统"在未得到信息源的明确许可下，不得保留或泄露隐私信息"。亚马逊的智能音箱Echo正听着你家里的每一次对话，你当然希望对其加以控制。这似乎是一目了然的事情，但情况并没有那么简单。你的银行信息属于个人隐私，但你收听的音乐或观看的电视节目属于什么信息呢？说得极端些，每当你向智能音箱提出一个问题，它都可以用另一个问题回答："你是否同意亚马逊接入你的数据，以寻找答案？"读完所有收集你数据的公司的隐私条款，要花上几周的时间。人工智能每向你征求一次使用数据的许可，产品就变得更糟一些。它妨碍了用户体验。但如果人们不提供数据，人工智能就无法从反馈中学习，进而限制了其提高生产力和增加收益的能力。

这就可能带来创新的机会：找到一种方法，既能保证人们数据的完整性，同时在允许人工智能学习的时候对其加以控制。区块链这一新兴技术提供了一种对数据库去中心化、降低数据校验成本的方式。考虑到这些技术已经应用于金融交易，它们也可以跟人工智能搭配使用，规避隐私风险（实际上也就是安全问题）。在金融领域，隐私等问题至关重要。

就算有足够多的用户提供数据，促进人工智能的学习，可如果这些用户与其他所有人都不同，那会变成什么样呢？假设，只有加利福尼亚和纽约的富人为预测机器提供数据，那么，人工智能将学会为这些群体效力。如果限制对个人数据的收集是为了堵上一个漏洞，那么，它也会带来一个新的漏洞：用户将无法从人工智能带来的更优质产品和更庞大财富中受益。

人工智能会成为世界的终结吗

人工智能会对人类本身构成事关存亡的威胁吗？往简单的方向说，会不会出现像电影《2001太空漫游》里哈尔9000那样不愿配合的人工智能？又或者，往稍微复杂些的方向说，会不会出现电影《终结者》里类似天网的东西？后一点疑问，显然会令埃隆·马斯克、比尔·盖茨、斯蒂芬·霍金等严肃思考着此类问题的聪明人辗转难眠。他们担心，会出现一种"超级智能"（该词由牛津大学哲学家尼克·博斯特罗姆最先提出），它会迅速地把人类当成威胁、麻烦，或可以奴役的生物。换句话说，人工智能有可能是人类的最后一项技术创新。

对这个争议，我们没有立场加以评判，甚至我们自己都无法达成一致意见。不过，让我们吃惊的是，这场争论与经济学的关系如此紧密：竞争是一切的基础。

超级智能是一种在大多数认知任务里超越人类的人工智能，并且能够通过问题进行推理。具体来说，它可以进行发明和自我改进。虽说科幻小说家弗诺·文奇（Vernor Vinge）称之为"奇点"，未来学家雷·库日韦尔（Ray Kurzweil）认为人类没有足够的能力预见届时将发生的事，因为按照定义，我们还不够智能，但实际上，经济学家拥有足够能力对此展开思考。

多年来，人们一直批评经济学家，认为我们的理论得以建立的动因基础是一些过分理性且不切实际的人类行为模型。没错，可如果说到超级智能，这就意味着我们走对了路。我们已经在分析中假设存在高级智能了。我们将理解建立在数学证明之上，它是一种关乎事实却又独立于智能存在的标准。

这个视角很有用。经济学告诉我们，如果超级智能想控制世界，它需要资源。宇宙有很多资源，但即使是超级智能也必须遵循物理定律。获取资源的成本很高。

博斯特罗姆讲过一个痴迷回形针的超级智能，它什么也不在乎，只想制造更多的回形针。为了制造回形针，这个超级智能可以不管不顾地消灭一切。这是一个强大的想法，但它忽略了对资源的竞争。不同的人（以及现在的人工智能）有不同的偏好，经济学家尊重这种差异。有些人工智能对探索、发现与合并保持着开放心态，另一些却只想制造回形针。只要存在不同的利益，竞争就会如火如荼，这意味着，回形针人工智能会发现交换资源比抢夺资源更有利，就像受到无形之手的指引一样，最终会背离它的初始用意，提高与之截然不同的收益。

因此，经济学提供了一条有力的途径，帮我们理解一个由超级人工智能组成的社会将怎样演变。这也就是说，我们的模型并不能测定出在此过程中人类会发生些什么。

我们在本书中所说的人工智能，并不是通用人工智能，而是更狭义的预测机器。谷歌DeepMind开发的AlphaGo Zero等引发了一轮恐慌：超级智能或许并不遥远。它在没有人类对之进行训练的条件下（只靠着跟自己对弈来学习），打败了曾击败过人类世界冠军的那一版AlphaGo，但把它称作超级智能为时尚早。如果棋盘从19乘19，变成29乘29，或者变成18乘18，人工智能不会轻松调整，人类却可以很快适应。至于让AlphaGo Zero为你做个烤奶酪三明治，你想都别想，它没那么聪明。

迄今为止，所有的人工智能都是如此。没错，人们正在研究怎样让预测机器在更广泛的环境下运行，但人类尚未找到通用人工智能的突破口。有些人认为通用人工智能太遥远，没必要花时间担心这个。在美国总统行政办公室起草的一份政策文件中，国家科学技术委员会（NSTC）下的技术委员会称："私营领域的专家社群与NSTC下的技术委员会目前所达成的共识是，通用人工智能至少在近几十年是无法实现的。NSTC的技术委员会的评估结果是，对拥有超级智慧的通用人工智能的长远担忧不应该对当前政策产生太大影响。"与此同时，若干宣称要创造通用人工智能或类人智能机器的公司，如Vicarious、谷歌DeepMind、Kindred和Numenta等，已经从见多识广且聪明过人的投资人手里筹集了许多个百万美元级的投资。和许多与人工智能相关的问题一样，未来充满了不确定性。

这难道便是我们所熟知的这个世界的终点吗？尚未有定论，但这的确是本书的终点。无数公司都在部署人工智能。就人工智能而言，运用简单的经济学原理（预测成本降低，则预测的互补品将获得更高的价值），你的企业也可以做出投资回报率最高的选择和战略决策。

等我们超越预测机器，进入通用人工智能甚至超级智能的时代，我们就将迎来一个不同的人工智能顿悟时刻。这一观点想必所有人都认同。等到了那个时候，我们可以信心满满地预测，经济学将不会再这么简单了。

本章要点

Prediction Machines

※ 人工智能的兴起为社会提供了许多选择。每一个选择都代表一种权衡。在这一阶段，尽管技术仍处于起步阶段，但社会层面上已经显现出 3 种特别重要的权衡。

※ 第一项权衡是生产力与分配。许多人认为人工智能会让我们变得更贫穷，

境况更糟糕。并非如此。经济学家认为，技术进步会让我们的生活更加美好，还能提高生产力。人工智能无疑能提高生产力。问题不在于财富的创造，而在于它的分配。人工智能可能加剧收入不平等的问题，原因有二。首先，人工智能将接管某些任务，这或许会加剧人类对余下任务的竞争，工资降低，与资本所有者的收入相比，它将进一步削减劳动力赚取的收入的比例。其次，与其他计算机相关的技术一样，预测机器可能存在技能偏好，故此，人工智能工具不成比例地提高了高技能工人的生产力。

※ 第二项权衡是创新与竞争。与大多数软件相关的技术一样，人工智能具有规模经济的特征。此外，在一定程度上，人工智能工具往往具有收益递增的特征：预测越准确，用户越多，于是生成更多的数据，而更多的数据将带来更准确的预测。如果企业拥有更多的控制权，它会有更大的动力去开发预测机器，但随着规模经济的发展，这有可能导致垄断。从短期角度看，快速的创新可能造福社会，但从社会或更长期的角度看这或许并非最理想的结果。

※ 第三项权衡是性能与隐私。数据越多，人工智能表现越好。尤其是，如果它们可以访问更多的个人数据，就能更好地做个性化预测。提供个人数据通常会以失去隐私为代价。一些地区，比如欧洲，选择创造一种为公民提供更多隐私保护的环境。这可能会让公民受益，甚至为隐私信息创造更活跃的市场，个体可以轻易决定是交换、售卖，还是捐赠隐私数据。另一方面，这种高准入门槛可能会带来摩擦，并使欧洲的企业和公民在人工智能接触更多数据即可提高竞争力的市场中处于不利地位。

※ 对于这三项权衡中的每一项，司法者都需要对权衡中的双方进行斟酌，以设计出最符合其整体战略，同时满足公民偏好的政策。

致 谢

　　在此，我们向为本书投入时间、思考和耐心的人表示感谢。尤其感谢Atomwise的阿贝·海费茨、BenchSci的利兰·贝兰松、Grammarly的亚历克斯·舍夫琴科以及马克·奥西普和本·埃德尔曼，感谢他们花时间接受我们的采访，也感谢凯文·布赖恩对整个手稿的评论。我们还要感谢所有为本书展开讨论、给予反馈的同事：尼克·亚当斯、乌马尔·阿克尔、苏珊·阿西、纳雷什·班吉亚、尼克·贝姆、丹尼斯·本尼、詹姆斯·伯格斯特拉、德罗尔·伯曼、文森特·贝鲁布、吉姆·贝森、斯科特·博纳姆、埃里克·布莱恩约弗森、安迪·伯吉斯、伊丽莎白·卡利、彼得·卡雷夏、伊恩·科克布恩、克里斯蒂安·卡塔利尼、詹姆斯·查姆、尼古拉斯·查帕多斯、泰森·克拉克、保罗·卡本、扎万·达尔、萨莉·多布、丹·德波、罗恩·登博、海伦妮·德马雷、JP.杜布、坎迪斯·法克托尔、黑格·法里斯、陈芳（Chen Fong）、阿什·丰塔纳、约翰·弗朗西斯、阿普里尔·佛朗哥、苏珊娜·吉尔德特、阿宁迪亚·高斯、罗恩·格洛兹曼、本·戈策尔、莎恩·格林斯坦、卡努·古拉蒂、约翰·哈里斯、迪帕克·赫格德、丽贝卡·亨德森、杰夫·欣顿、蒂姆·霍奇森、迈克尔·海厄特、理查德·海厄特、本·琼斯、查德·琼斯、史蒂夫·尤尔韦特松、萨蒂什·坎瓦尔、丹尼·卡尼曼、约翰·凯莱赫、莫·凯尔马尼、维诺德·科斯拉、卡琳·克莱因、达雷尔·科普克、约翰·科斯、卡佳·库达什基纳、迈克尔·库尔曼、托尼·拉卡维拉、艾伦·刘、伊娃·刘、扬·莱库恩、马拉·莱德曼、丽莎·李、特德·利文斯顿、杰文·麦克唐纳、鲁潘·马哈茂德、克里斯·马蒂斯、克里斯蒂娜·麦克尔赫伦、约翰·麦克黑尔、桑乔·米斯拉、马特·米切尔、桑贾伊·米塔尔、阿什·孟希、迈克尔·默奇森、肯·尼克森、奥利维娅·诺顿、亚历克斯·奥特尔、戴维·奥西普、巴尼·佩尔、安德烈亚·普拉特、托米·波塔宁、马尔齐奥·波佐利、拉利·雷门蒂拉、乔迪·罗斯、玛丽安娜·萨恩科、鲁斯兰·萨拉赫丁诺夫、列扎·萨图、迈克尔·塞宾尼斯、阿什米特·西达纳、迈卡·西格尔、迪利普·索曼、约翰·斯塔克豪斯、斯科特·斯特恩、特德·萨姆、里奇·萨顿、史蒂夫·塔德利斯、沙赫拉姆·塔法佐里、格雷厄姆·泰勒、佛罗伦塔·特奥多里迪斯、理查德·蒂图斯、丹·特雷夫莱、凯瑟琳·塔克、威廉·滕斯托尔−佩多、斯特芬·乌伦巴赫、克利夫·范德林登、米格尔·维拉斯−博阿斯、尼尔·温赖特、鲍里斯·沃茨、丹·威尔逊、彼得·维特克、亚历山大·王、谢利·庄和希凡·齐利斯。我们还要感谢卡尔·夏皮罗和哈尔·瓦里安，他们的作品《信息规则》（*Information Rules*）是我们这个项目的灵感之源。颠覆性创新实验室和多伦多大学罗特曼管理学院的教职人员都很了不起，尤其是史蒂夫·阿伦贝格、道恩·布卢姆菲尔德、雷切尔·哈里斯、珍妮弗·希尔德布兰特、安妮·希尔顿、贾斯蒂娜·琼卡、艾丹·基欧、哈立德·库尔吉、玛丽·莱恩、肯·麦古芬、什雷·梅赫拉、丹尼尔·穆莱特、珍妮弗·奥黑尔、格雷戈里·雷、阿米尔·萨里里、索尼娅·森尼克、克里斯蒂安·西格森、珀尔·沙利文、伊夫林·托马索斯，以及颠覆性创新实验室和多伦多大学罗特曼管理学院的其他所有员工。我们感谢系主任提夫·麦克勒姆，他大力支持我们在颠覆性创新实验室的人工智能工作，以及在罗特曼管理学院的所有工作。感谢The Next 36和未来人工智能（Next AI）的所有领导和员工。我们还要感谢沃尔特·弗里克和蒂姆·沙利文细致入微的编辑，还有我们的经纪人吉姆·莱文。本书中的许多设想都建立在加拿大社会科学及人文研究委员会、向量学院（Vector Institute）、艾伦·伯恩斯坦和丽贝卡·芬利领导的加拿大高等研究院的研究成果之上，也离不开斯隆基金会的丹尼·格罗夫的支持（他以数字化经济学研究的名义对我们拨款；基金管理者分别是沙恩·格林斯坦、斯科特·斯特恩和乔希·勒纳），感谢他们。我们还要感谢吉姆·波特巴及其领导的美国全国经济研究所对人工智能经济学大会的支持。最后，感谢在本书撰写期间耐心奉献的我们的家人：吉娜、阿梅莉亚、安德烈亚斯、雷切尔、安娜、萨姆、本、纳塔莉、贝拉娜、阿里尔、安尼卡。

参考资料

第 2 章

Stephen Hawking, Stuart Russell, Max Tegmark, and Frank Wilczek, "Stephen Hawking: "Transcendence Looks at the Implications of Artificial Intelligence—But Are We Taking AI Seriously Enough?" *The Independent*, May 1, 2014, http: //www. independent.co.uk/news/science/stephen-hawking-transcendence-looks-at-the-implications-of-artificial-intelligence-but-are-we-taking-9313474.html.

Paul Mozur, "Beijing Wants A.I. to Be Made in China by 2030," *New York Times*, July 20, 2017, https: //www.nytimes.com/2017/07/20/business/china-artificial-intelligence. html? mcubz=0&_r= 0.

Steve Jurvetson, "Intelligence Inside," *Medium*, August 9, 2016, https: //medium.com/@ DFJvc/intelligence-inside-54dcad8c4a3e.

William D. Nordhaus, "Do Real-Output and Real-Wage Measures Capture Reality? The History of Lighting Suggests Not," Cowles Foundation for Research in Economics, Yale University, 1998, https: //lucept.files.wordpress.com/2014/11/william-nordhaus-the-cost-of-light.pdf.

William D. Nordhaus, "Two Centuries of Productivity Growth in Computing," *Journal of Economic History*, vol. 67/1 (2007): 128-159.

Lovelace, quoted in Walter Isaacson, *The Innovators*: *How a Group of Hackers, Geniuses, and Geeks Created the Digital Revolution* (New York: Simon & Schuster, 2014), 27.

US Patent Number 8, 615, 473 B2. Also, Praveen Kopalle, "Why Amazon's Anticipatory Shipping is Pure Genius," *Forbes*, January 28, 2014, https: //www.forbes.com/ sites/onmarketing/2014/01/28/why-amazons-anticipatory-shipping-is-pure-genius/#2a3284174605.

第 3 章

"Mastercard Rolls Out Artificial Intelligence across Its Global Network," Mastercard press release, November 30, 2016, https: //newsroom.mastercard.com/press-releases/mastercard-rolls-out-artificial-intelligence-across-its-global-network/.

Adam Geitgey, "Machine Learning Is Fun, Part 5: Language Translation with Deep Learning and the Magic of Sequences, " *Medium*, August 21, 2016, https: //medium.com/@ageitgey/machine-learning-is-fun-part-5-language-translation-with-deep-learning-and-the-magic-of-sequences-2ace0acca0aa.

Yiting Sun, "Why 500 Million People in China Are Talking to This AI, " *MIT Technology Review*, September 14, 2017, https: //www.technologyreview.com/s/608841/why-500-million-people-in-china-are-talking-to-this-ai/.

Salvatore J. Stolfo, David W. Fan, Wenke Lee, and Andreas L. Prodromidis, "Credit Card Fraud Detection Using Meta-Learning: Issues and Initial Results, " *AAAI Technical Report*, WS-97-07, 1997, http: //www.aaai.org/Papers/Workshops/1997/WS-97-07/WS97-07-015.pdf.

E. Aleskerov, B. Freisleben, and B. Rao, "CARDWATCH: A Neural Network Based Database Mining System for Credit Card Fraud Detection, " Computational Intelligence for Financial Engineering, 1997, http: //ieeexplore.ieee.org/stamp/stamp.jsp? arnumber=618940.

Abhinav Srivastava, Amlan Kundu, Shamik Sural, and Arun Majumdar, "Credit Card Fraud Detection Using Hidden Markov Model, " *IEEE Transactions on Dependable and Secure Computing* 5, no. 1 (January-March 2008): 37-48, http: //ieeexplore.ieee.org/stamp/stamp.jsp? arnumber=4358713. See also Jarrod West and Maumita Bhattacharya, "Intelligent Financial Fraud Detection: A Comprehensive Review, *Computers & Security* 57 (2016): 47-66, http: //www.sciencedirect.com/science/article/pii/S0167404815001261.

Andrej Karpathy, "What I Learned from Competing against a ConvNet on ImageNet," *Andrej Karthy* (blog), September 2, 2014, http: //karpathy.github.io/2014/09/02/what-i-learned-from-competing-against-a-convnet-on-imagenet/; ImageNet, Large Scale Visual Recognition Challenge 2016, http: //image-net.org/challenges/LSVRC/2016/results; Andrej Karpathy, LISVRC 2014, http: //cs.stanford.edu/people/karpathy/ilsvrc/.

Aaron Tilley, "China's Rise in the Global AI Race Emerges as It Takes Over the Final ImageNet Competition, " *Forbes*, July 31, 2017, https: //www.forbes.com/sites/aarontilley/2017/07/31/china-ai-imagenet/#dafa182170a8.

Dave Gershgorn, "The Data That Transformed AI Research—and Possibly the World, " *Quartz*, July 26, 2017, https: //qz.com/1034972/the-data-that-changed-the-direction-of-ai-research-and-possibly-the-world/.

第 4 章

J. McCarthy, Marvin L. Minsky, N. Rochester, and Claude E. Shannon, "A Proposal for the Dartmouth Summer Research Project on Artificial Intelligence, " August 31, 1955, http: //www-formal.stanford.edu/jmc/history/dartmouth/dartmouth.html.

Jeff Hawkins and Sandra Blakeslee, *On Intelligence* (New York: Times Books, 2004), 89.

McCarthy et al, "A Proposal for the Dartmouth Summer Research Project on Artificial

Intelligence."

Ian Hacking, *The Taming of Chance* (Cambridge, UK: Cambridge University Press, 1990).

第 5 章

Hal Varian, "Beyond Big Data, " lecture, National Association of Business Economists, San Francisco, September 10, 2013.

Ngai-yin Chan and Chi-chung Choy, "Screening for Atrial Fibrillation in 13, 122 Hong Kong Citizens with Smartphone Electrocardiogram, " *BMJ* 103, no. 1 (January 2017), http: //heart.bmj.com/content/103/1/24; Sarah Buhr, "Apple's Watch Can Detect an Abnormal Heart Rhythm with 97% Accuracy, UCSF Study Says, " *Techcrunch*, May 11, 2017, https: //techcrunch.com/2017/05/11/apples-watch-can-detect-an-abnormal-heart-rhythm-with-97-accuracy-ucsf-study-says/; AliveCor, "AliveCor and Mayo Clinic Announce Collaboration to Identify Hidden Health Signals in Humans, " Cision PR newswire, October 24, 2016, http: //www.prnewswire.com/news-releases/alivecor-and-mayo-clinic-announce-collaboration-to-identify-hidden-health-signals-in-humans-300349847.html.

Buhr, "Apple's Watch Can Detect an Abnormal Heart Rhythm with 97% Accuracy, UCSF Study Says"; and Avesh Singh, "Applying Artificial Intelligence in Medicine: Our Early Results, " *Cardiogram* (blog), May 11, https: //blog.cardiogr.am/applying-artificial-intelligence-in-medicine-our-early-results-78bfe7605d32.

Dave Heiner, "Competition Authorities and Search, " *Microsoft Technet* (blog), February 26, 2010, https: //blogs.technet.microsoft.com/microsoft_on_the_issues/2010/02/26/competition-authorities-and-search/.

第 6 章

Amost Tversky and Daniel Kahneman, "Judgment under Uncertainty: Heuristics and Biases," *Science* 185, no. 4157 (1974): 1124-1131, https: //people.hss.caltech.edu/~camerer/Ec101/JudgementUncertainty.pdf.

See Daniel Kahneman, *Thinking, Fast and Slow* (New York: Farrar, Strauss and Giroux, 2011); and Dan Ariely, *Predictably Irrational* (New York: HarperCollins, 2009).

Michael Lewis, *Moneyball* (NewYork: Norton, 2003).

Takashi Sugimoto, "AI May Help Japan's Baseball Champs Rewrite 'Moneyball,'" *Nikkei Asian Review*, May 2, 2016, http: //asia.nikkei.com/Business/Companies/AI-may-help-Japan-s-baseball-champs-rewrite-Moneyball.

Jon Kleinberg, Himabindu Lakkaraju, Jure Leskovec, Jens Ludwig, and Sendhil Mullainathan, "Human Decisions and Machine Predictions, " working paper 23180, National Bureau of Economic Research, 2017.

Mitchell Hoffman, Lisa B. Kahn, and Danielle Li, "Discretion in Hiring, " working paper 21709, National Bureau of Economic Research, November 2015, revised April 2016.

Donald Rumsfeld, news briefing, US Department of Defense, February 12, 2002, https: //en.wikipedia.org/wiki/There_are_known_knowns.

Bertrand Rouet-Leduc et al., "Machine Learning Predicts Laboratory Earthquakes, "

Cornell University, 2017, http: //arxiv.org/abs/1702.05774.

Dedre Gentner and Albert L. Stevens, *Mental Models* (New York: Psychology Press, 1983); Dedre Gentner, "Structure Mapping: A Theoretical Model for Analogy, " *Cognitive Science* 7 (1983): 15-170.

Nassim Nicholas Taleb, *The Black Swan* (New York: Random House, 2007).

Joel Waldfogel, "Copyright Protection, Technological Change, and the Quality of New Products: Evidence from Recorded Music since Napster, "*Journal of Law and Economics* 55, no. 4 (2012): 715-740.

Donald Rubin, "Estimating Causal Effects of Treatments in Randomized and Nonrandomized Studies, " *Journal of Educational Psychology* 66, no. 5 (1974): 688-701; Jerzy Neyman, "Sur les applications de la theorie des probabilites aux experiences agricoles: Essai des principes, " master's thesis, 1923, excerpts reprinted in English, D. M. Dabrowska, and T. P. Speed, translators, Statistical Science 5 (1923): 463-472.

Garry Kasporov, *Deep Thinking* (New York: Perseus Books, 2017), 99-100.

Google Panda, *Wikipedia*, https: //en.wikipedia.org/wiki/Google_Panda, accessed July 26, 2017. Most notably as described in Google webmasters, "What's It Like to Fight Webspam at Google? " YouTube, Febuary 12, 2014, https: //www.youtube.com/watch? v=rr-Cye_mFiQ.

Ashitha Nagesh, "Now You Can Finally Get Rid of All Those Instagram Spammers and Trolls, " *Metro*, September 13, 2016, http: //metro.co.uk/2016/09/13/now-you-can-finally-get-rid-of-all-those-instagram-spammers-and-trolls-6125645/.

Jonathan Vanian, "Instagram Turns to Artificial Intelligence to Fight Spam and Offensive Comments, " *Fortune*, June 29, 2017, http: //fortune.com/2017/06/29/instagram-artificial-intelligence-offensive-comments/.

Robert Lucas, "Econometric Policy Evaluation: A Critique, " *Carnegie-Rochester Conference Series in Public Policy* 1, no. 1 (1976): 19-46, https: //ideas.repec.org/a/eee/crcspp/v1y1976ip19-46.html.

Tim Harford, *The Undercover Economist Strikes Back*: *How to Run-or Ruin-an Economy* (NewYork: Riverhead Books, 2014).

Dayong Wang et al., "Deep Learning for Identifying Metastatic Breast Cancer, " Camelyon Grand Challenge, June 18, 2016, https: //arxiv.org/pdf/1606.05718.pdf.

Charles Babbage, *On the Economy of Machinery and Manufactures* (London: Charles Knight Pall Mall East, 1832), 162.

Daniel Paravisini and Antoinette Schoar, "The Incentive Effect of IT: Randomized Evidence from Credit Committees, " working paper 19303, National Bureau of Economic Research, August 2013.

Miranda Katz, "Welcome to the Era of the AI Coworker, " *Wired*, November 15, 2017 https: //www.wired.com/story/welcome-to-the-era-of-the-ai-coworker/.

第 7 章

Jody Rosen, "The Knowledge, London's Legendary Taxi-Driver Test, Puts Up a Fight in the Age of GPS, "*New York Times*, November 10, 2014, https: //www.nytimes.com/2014/11/10/t-magazine/london-taxi-test-knowledge.html? _r=0.

第 8 章

Andrew McAfee and Erik Brynjolfsson, *Machine, Platform, Crowd: Harnessing Our Digital Future* (New York: Norton, 2017), 72.

Jean-Pierre Dube and Sanjog Misra, "Scalable Price Targeting, " working paper, Booth School of Business, University of Chicago, 2017, http: //conference.nber.org/confer//2017/SI2017/PRIT/Dube_Misra.pdf.

第 9 章

Daisuke Wakabayashi, "Meet the People Who Train the Robots (to Do Their Own Jobs)," *New York Times*, April 28, 2017, https: //www.nytimes.com/2017/04/28/technology/meet-the-people-who-train-the-robots-to-do-their-own-jobs.html? _r=l

Ben Popper, "The Smart Bots Are Coming and This One Is Brilliant, " *The Verge*, April 7, 2016, https: //www.theverge.com/2016/4/7/11380470/amy-personal-digital-assistant-bot-ai-conversational.

Ellen Huet, "The Humans Hiding Behind the Chatbots, " *Bloomberg*, April 18, 2016, https: //www.bloomberg.com/news/articles/2016-04-18/the-humans-hiding-behind-the-chatbots.

Wakabayashi, "Meet the People Who Train the Robots (to Do Their Own Jobs)."

Marc Mangel and Francisco J. Samaniego, "Abraham Wald's Work on Aircraft Survivability, " *Journal of the American Statistical Association* 79, no. 386(1984): 259-267.

Bart J. Bronnenberg, Peter E. Rossi, and Naufel J. Vilcassim, "Structural Modeling and Policy Simulation, " *Journal of Marketing Research* 42, no. 1 (2005): 22-26, http: //journals.ama.org/doi/abs/10.1509/jmkr.42.1.22.56887.

Jean Pierre Dubé et al., "Recent Advances in Structural Econometric Modeling, " *Marketing Letters* 16, no. 3-4 (2005): 209-224, https: //link.springer.com/article/10.1007%2Fs11002-005-5886-0? LI=true.

第 10 章

"Robot Mailman Rolls on a Tight Schedule, " *Popular Science*, October 1976, https: //books.google.ca/books?id= HwEAAAAMBAJ&pg= PA76&lpg=PA76&dq=mailmobile+robot&source=bl&ots= SHkkOiDv8K&sig=sYFXzvvZ8_GvOV8Gt30hoGrFhpk&hl=en&sa=X&ei= B3kLVYr7N8meNoLsg_AD&redir_esc=y#v=onepage&q=mailmobile%20robot&f=false.

Nobel citation: "Studies of Decision Making Lead to Prize in Economics, " Royal Swedish Academy of Sciences, press release, October 16, 1978, https: //www.nobelprize.org/nobel_prizes/economic-sciences/laureates/1978/press.html. Turing award citation: Herbert Alexander Simon, A.M. Turing Award, 1975, http: //amturing.acm.org/award_winners/simon_1031467.cfm.

Herbert A. Simon, "Rationality as Process and as Product of Thought, " *American*

Economic Review 68, no. 2 (1978): 1-16; Allen Nevell and Herbert A. Simon, "Computer Science as Empirical Inquiry," *Communications of the ACM* 19, no. 3 (1976): 120.

Roger K. Moore, "Results from a Survey of Attendees at ASRU 1997 and 2003," INTERSPEECH-2005, Lisbon, September 4-8, 2005.

第 11 章

Jmdavis, "Autopilot worked for me today and saved an accident," *Tesla Motors Club* (blog), December 12, 2016, https: //teslamotorsclub.com/tmc/threads/autopilot-worked-for-me-today-and-saved-an-accident.82268/.

Fred Lambert, "Tesla Autopilot's New Radar Technology Predicts an Accident Caught on Dashcamera a Second Later," *Electrek*, December 27, 2016, https: //electrek.co/2016/12/27/tesla-autopilot-radar-technology-predict-accident-dashcam/.

NHTSA, "U.S. DOT and IIHS Announce Historic Commitment of 20 Automakers to Make Automatic Emergency Braking Standard on New Vehicles," March 17, 2016, https: //www.nhtsa.gov/press-releases/us-dot-and-iihs-announce-historic-commitment-20-automakers-make-automatic-emergency.

Kathryn Diss, "Driverless Trucks Move All Iron Ore at Rio Tinto's Pilbara Mines, in World First," *ABC News*, October 18, 2015, http: //www.abc.net.au/news/2015-10-18/rio-tinto-opens-worlds-first-automated-mine/6863814.

Tim Simonite, "Mining 24 Hours a Day with Robots," *MIT Technology Review*, December 28, 2016, https: //www.technologyreview.com/s/603170/ mining-24-hours-a-day-with-robots/.

Samantha Murphy Kelly, "Stunning Underwater Olympics Shots Are Now Taken by Robots," *CNN*, August 9, 2016, http: //money.cnn.com/2016/08/08/technology/olympics-underwater-robots-getty/.

Hoang Le, Andrew Kang, and Yisong Yue, "Smooth Imitation Learning for Online Sequence Prediction," International Conference on Machine Learning, June 19, 2016, https: //www.disneyresearch.com/publication/ smooth-imitation-learning/.

Isaac Asimov, "Runaround," *I, Robot* (The Isaac Asimov Collection ed.) (New York: Doubleday, 1950), 40.

Department of Defense Directive 3000.09: Autonomy in Weapon Systems, November 21, 2012, https: //www.hsdl.org/? abstract&did=726163.

Mark Guburd, "Why Should We Ban Autonomous Weapons? To Survive," *IEEE Spectrum*, June 1, 2016, http: //spectrum.ieee.org/automaton/robotics/military-robots/why-should-we-ban-autonomous-weapons-to-survive.

第 12 章

Robert Solow, "We'd Better Watch Out," *New York Times Book Review*, July 12, 1987, 36.

Michael Hammer, "Reengineering Work: Don't Automate, Obliterate," *Harvard Business Review*, July-August 1990, https: //hbr.org/1990/07/reengineering-work-dont-automate-obliterate.

Art Kleiner, "Revisiting Reengineering," *Strategy + Business*, July 2000, https: //www.

strategy-business.com/article/19570? gko=e05ea.

Nanette Byrnes, "As Goldman Embraces Automation, Even the Masters of the Universe Are Threatened, " *MIT Technology Review*, February 7, 2017, https: // www. technologyreview.com/s/603431/as-goldman-embraces-automation-even-the-masters-of-the-universe-are-threatened/.

"Google Has More Than 1, 000 Artificial Intelligence Projects in the Works, " *The Week*, October 18, 2016, http: //theweek.com/speedreads/654463/google-more-than-1000-artificial-intelligence-projects-works.

Scott Forstall, quoted in "How the iPhone Was Born, " *Wall Street Journal video*, June 25, 2017, http: //www.wsj.com/video/how-the-iphone-was-born-inside-stories-of-missteps-and-triumphs/302CFE23-392D-4020-B1BD-B4B9CEF7D9A8.html.

第 13 章

Steve Jobs in *Memory and Imagination: New Pathways to the Library of Congress*, Michael Lawrence Films, 2006, https: //www.youtube.com/watch? v= ob_GX50Za6c.

第 14 章

Steven Levy, "A Spreadsheet Way of Knowledge, " *Wired*, October 24, 2014, https: // backchannel.com/a-spreadsheet-way-of-knowledge-8de60af7146e.

Nick Statt, "The Next Big Leap in AI Could Come from Warehouse Robots, " *The Verge*, June 1, 2017, https: //www.theverge.com/2017/6/1/15703146/kindred-orb-robot-ai-startup-warehouse-automation.

L. B. Lusted, "Logical Analysis in Roentgen Diagnosis, " *Radiology* 74 (1960): 178-193.

Siddhartha Mukherjee, "A.I. versus M.D., " *New Yorker*, April 3, 2017, http: //www. newyorker.com/magazine/2017/04/03/ai-versus-md.

S. Jha and E. J. Topol, "Adapting to Artificial Intelligence: Radiologists and Pathologists as Information Specialists, " *Journal of the American Medical Association* 316, no. 22 (2016): 2353-2354.

Frank Levy, "Computers and the Supply of Radiology Services, " *Journal of the American College of Radiology* 5, no. 10 (2008): 1067-1072.

Leonard Berlin, "The Radiologist: Doctor's Doctor or Patient's Doctor, " *American Journal of Roentgenology* 128, no. 4 (1977), http: //www.ajronline.org/doi/pdf/10.2214/ ajr.128.4.702.

Levy, "Computers and the Supply of Radiology Services."

Jha and Topol, "Adapting to Artificial Intelligence"; S. Jha, "Will Computers Replace Radiologists?" *Medscape* 30 (December 2016), http: //www.medscape.com/ viewarticle/863127#vp_1.

Carl Benedikt Frey and Michael A. Osborne, "The Future of Employment: How Susceptible Are Jobs to Computerisation?" Oxford Martin School, University of Oxford, September 2013, http: //www.oxfordmartin.ox.ac.uk/downloads/academic/ The_Future_of_Employment.pdf.

第 15 章

"How Germany's Otto Uses Artificial Intelligence," *The Economist*, April 12, 2017, https: // www.economist.com/news/business/21720675-firm-using-algorithm-designed-cern-laboratory-how-germanys-otto-uses.

Zvi Griliches, "Hybrid Corn and the Economics of Innovation," *Science* 29 (July 1960): 275-280.

Bryce Ryan and N. Gross, "The Diffusion of Hybrid Seed Corn," *Rural Sociology* 8 (1943): 15-24.

Bryce Ryan and N. Gross, "Acceptance and Diffusion of Hybrid Corn Seed in Two Iowa Communities," *Iowa Agriculture Experiment Station Research Bulletin*, no. 372 (January 1950).

Kelly Gonsalves, "Google Has More Than 1,000 Artificial Intelligence Projects in the Works," *The Week*, October 18, 2016, http: //theweek.com/speedreads/654463/google-more-than-1000-artificial-intelligence-projects-works.

Nate Silver, *The Signal and the Noise* (New York: Penguin Books, 2015), chapter 3.

Daniel Ren, "Tencent Joins the Fray with Baidu in Providing Artificial Intelligence Applications for Self-Driving Cars," *South China Morning Post*, August 27, 2017, http: // www.scmp.com/business/companies/article/2108489/tencent-forms-alliance-push-ai-applications-self-driving.

Ren, "Tencent Joins the Fray with Baidu in Providing Artificial Intelligence Applications for Self-Driving Cars."

第 16 章

"Complexity, Flexibility, and the Make-or-Buy Decision," *American Economic Review* 92, no. 2 (May 2002): 433-437.

Silke Januszewski Forbes and Mara Lederman, "Adaptation and Vertical Integration in the Airline Industry," *American Economic Review* 99, no. 5 (December 2009): 1831-1849.

Sharon Novak and Scott Stern, "How Does Outsourcing Affect Performance Dynamics? Evidence from the Automobile Industry," *Management Science* 54, no. 12 (December 2008): 1963-1979.

Jim Bessen, *Learning by Doing* (New Haven, CT: Yale University Press, 2106).

Dirk Bergemann and Alessandro Bonatti, "Selling Cookies," *American Economic Journal: Microeconomics* 7, no. 2 (2015): 259-294.

第 17 章

Will Smith, "Stop Calling Google Cardboard's 360-Degree Videos 'VR'," *Wired*, November 16, 2015, https: //www.wired.com/2015/11/360-video-isnt-virtual-reality/.

Jessir Hempel, "Inside Microsoft's AI Comeback," *Wired*, June 21, 2017, https: //www.

wired.com/story/inside-microsofts-ai-comeback/.

"What Does It Mean for Google to Become an 'AI-First' (Quoting Sundar) Company?" *Quora*, April 2016, https: //www.quora.com/What-does-it-mean-for-Google-to-become-an-AI-flrst-company.

Clayton M. Christensen, *The Innovator's Dilemma* (Boston: Harvard Business Review Press, 2016).

Joshua S. Gans, *The Disruption Dilemma* (Cambridge, MA: MIT Press, 2016).

Nathan Rosenberg, "Learning by Using: Inside the Black Box: Technology and Economics," paper, University of Illinois at Champaign-Urbana, 1982, 120-140.

Chesley "Sully" Sullenberger quoted in Katy Couric, "Capt. Sully Worried about Airline Industry," *CBS News*, February 10, 2009; https://www.cbsnews.com/news/capt-sully-worried-about-airline-industry/.

Mark Harris, "Tesla Drivers Are Paying Big Bucks to Test Flawed Self-Driving Software," *Wired*, March 4, 2017, https: //backchannel.com/tesla-drivers-are-guinea-pigs-for-flawed-self-driving-software-c2cc80b483a#.s0u7lsv4f.

Nikolai Yakovenko, "GANS Will Change the World," *Medium*, January 3, 2017, https: //medium.com/@Moscow25/gans-will-change-the-world-7ed6ae8515ca; Sebastian Anthony, "Google Teaches 'AIs' to Invent Their Own Crypto and Avoid Eavesdropping," Ars Technica, October 28, 2016, https: //arstechnica.com/information-technology/2016/10/google-ai-neural-network-cryptography/.

Apple, "Privacy," https://www.apple.com/ca/privacy/.

Cynthia Dwork, "Differential Privacy: A Survey of Results," in M. Agrawal, D. Du, Z. Duan, and A. Li (eds), *Theory and Applications of Models of Computation. TAMC 2008. Lecture Notes in Computer Science*, vol 4978 (Berlin: Springer, 2008), https: //doi.org/10.1007/978-3-540-79228-4_1.

William Langewiesche, "The Human Factor," *Vanity Fair*, October 2014, http: //www.vanityfair.com/news/business/2014/10/air-france-flight-447-crash.

Tim Harford, "How Computers Are Setting Us Up for Disaster," *The Guardian*, October 11, 2016, https: //www.theguardian.com/technology/2016/oct/11/crash-how-computers-are-setting-us-up-disaster.

第 18 章

L. Sweeney, "Discrimination in Online Ad Delivery," *Communications of the ACM* 56, no. 5 (2013): 44-54, https: //dataprivacylab.org/projects/onlineads/.

"Racism Is Poisoning Online Ad Delivery, Says Harvard Professor," *MIT Technology Review*, February 4, 2013, https://www.technologyreview.com/s/510646/racism-is-poisoning-online-ad-delivery-says-harvard-professor/.

Anja Lambrecht and Catherine Tucker, "Algorithmic Bias? An Empirical Study into Apparent Gender-Based Discrimination in the Display of STEM Career Ads" (paper presented at the NBER Summer Institute, July 2017).

Diane Cardwell and Libby Nelson, "The Fire Dept. Tests That Were Found to Discriminate," *New York Times*, July 23, 2009, https: //cityroom.blogs.nytimes.com/2009/07/23/the-fire-dept-tests-that-were-found-to-discriminate/? mcubz=0&_

r=0; *US v. City of New York* (FDNY), https: //www.justice.gov/archives/crt-fdny/ overview.

Paul Voosen, "How AI Detectives Are Cracking Open the Black Box of Deep Learning, " *Science*, July 6, 2017, http: //www.sciencemag.org/news/2017/07/how-ai-detectives-are-cracking-open-black-box-deep-learning.

T. Blake, C. Nosko, and S. Tadelis, "Consumer Heterogeneity and Paid Search Effectiveness: A Large-Scale Field Experiment, " *Econometrica* 83 (2015): 155-174.

Hossein Hosseini, Baicen Xiao, and Radha Poovendran, "Deceiving Google's Cloud Video Intelligence API Built for Summarizing Videos" (paper presented at CVPR Workshops, March 31, 2017), https: //arxiv.org/pdf/1703.09793.pdf; see also "Artificial Intelligence Used by Google to Scan Videos Could Easily Be Tricked by a Picture of Noodles, " *Quartz*, April 4, 2017, https: //qz.com/948870/the-ai-used-by-google-to-scan-videos-could-easily-be-tricked-by-a-picture-of-noodles/.

Charles S. Elton, *The Ecology of Invasions by Animals and Plants* (New York: John Wiley, 1958).

Ryan Singel, "Google Catches Bing Copying; Microsoft Says 'So What? '" *Wired*, February 1, 2011, https: //www.wired.com/2011/02/bing-copies-google/.

Shane Greenstein, "Bing Imitates Google: Their Conduct Crosses a Line, " *Virulent Word of Mouse* (blog), February 2, 2011, https: //virulentwordofmouse.wordpress.com/2011/02/02/bing-imitates-google-their-conduct-crosses-a-line/

Ben Edelman, "In Accusing Microsoft, Google Doth Protest Too Much, " *hbr.org*, February 3, 2011, https: //hbr.org/2011/02/in-accusing-microsoft-google.html.

Joshua Gans, "The Consequences of Hiybbprqag'ing, " *Digitopoly*, February 8, 2011; https: //digitopoly.org/2011/02/08/the-consequences-of-hiybbprqaging/.

Florian Tramèr, Fan Zhang, Ari Juels, Michael K. Reiter, and Thomas Ristenpart, "Stealing Machine Learning Models via Prediction APIs" (paper presented at the Proceedings of the 25th USENIX Security Symposium, Austin, TX, August 10-12, 2016), https: //regmedia.co.uk/2016/09/30/sec16_paper_tramer.pdf.

James Vincent, "Twitter Taught Microsoft's AI Chatbot to Be a Racist Asshole in Less Than a Day, " *The Verge*, March 24, 2016, https: //www.theverge.com/2016/3/24/11297050/tay-microsoft-chatbot-racist.

Rob Price, "Microsoft Is Deleting Its Chatbot's Incredibly Racist Tweets, " *Business Insider*, March 24, 2016, http: //www.businessinsider.com/microsoft-deletes-racist-genocidal-tweets-from-ai-chatbot-tay-2016-3? r=UK&IR=T.

第 19 章

James Vincent, "Elon Musk Says We Need to Regulate AI Before It Becomes a Danger to Humanity, " *The Verge*, July 17, 2017, https: //www.theverge.com/2017/7/17/15980954/elon-musk-ai-regulation-existential-threat.

Chris Weller, "One of the Biggest VCs in Silicon Valley Is Launching an Experiment That Will Give 3000 People Free Money Until 2022, " *Business Insider*, September 21, 2017, http: //www.businessinsider.com/y-combinator-basic-income-test-2017-9.

Stephen Hawking, "This Is the Most Dangerous Time for Our Planet, " *The Guardian*,

December 1, 2016, https: //www.theguardian.com/commentisfree/2016/dec/01/ stephen-hawking-dangerous-time-planet-inequality.

"The Onrushing Wave, " *The Economist*, January 18, 2014, https: //www.economist.com/ news/brieflng/21594264-previous-technological-innovation-has-always-delivered-more-long-run-employment-not-less.

John Markoff, *Machines of Loving Grace*: *The Quest for Common Ground Between Humans and Robots* (New York: Harper Collins, 2015).

Martin Ford, *Rise of the Robots*: *Technology and the Threat of a Jobless Future* (New York: Basic Books, 2016).

Ryan Avent, *The Wealth of Humans*: *Work, Power, and Status in the Twenty-First Century* (London: St. Martin's Press, 2016).

Jason Furman, "Is This Time Different? The Opportunities and Challenges of AI, " https: // obamawhitehouse.archives.gov/sites/default/flles/page/flles/20160707_cea_ai_furman.pdf.

Claudia Dale Goldin and Lawrence F. Katz, *The Race between Education and Technology* (Cambridge, MA: Harvard University Press, 2009), 90.

Lesley Chiou and Catherine Tucker, "Search Engines and Data Retention: Implications for Privacy and Antitrust, " working paper no. 23815, National Bureau of Economic Research, http: //www.nber.org/papers/w23815.

Google AdWords, "Reach more customers with broad match, " 2008.

James Vincent, "Putin Says the Nation That Leads in AI 'Will Be the Ruler of the World, '" *The Verge*, September 4, 2017, https: //www.theverge.com/2017/9/4/16251226/russia-ai-putin-rule-the-world.

Dan Trefler and Avi Goldfarb, "AI and Trade, " in Ajay Agrawal, Joshua Gans, and Avi Goldfarb, eds., *Economics of AI*, forthcoming.

Paul Mozur, "Beijing Wants AI to Be Made in China by 2030, " *New York Times*, July 20, 2017, https: //www.nytimes.com/2017/07/20/business/china-artifical-intelligence. html?_r=0.

"Why China's AI Push Is Worrying, " *The Economist*, July 27, 2017, https: //www. economist.com/news/leaders/21725561-state-controlled-corporations-are-developing-powerful-artificial-intelligence-why-chinas-ai-push? frsc=dg%7Ce.

Paul Mozur, "Beijing Wants AI to Be Made in China by 2030, " *New York Times*, July 20, 2017, https: //www.nytimes.com/2017/07/20/business/china-artiiflcial-intelligence. html?_r=0.

Image 37 of Impact of Basic Research on Technological Innovation and National Prosperity: Hearing before the Subcommittee on Basic Research of the Committee on Science, House of Representatives, One Hundred Sixth Congress, first session, September 28, 1999, 27.

Will Knight, "China's AI Awakening, " *MIT Technology Review*, November 2017.

Jessi Hempel, "How Baidu Will Win China's AI Race—and Maybe the World's, " *Wired*, August 9, 2017, https: //www.wired.com/story/how-baidu-will-win-chinas-ai-raceand-maybe-the-worlds/.

Will Knight, "10 Breakthrough Technologies—2017: Paying with Your Face, " *MIT Technology Review*, March-April 2017, https: //www.technologyreview.com/ s/603494/10-breakthrough-technologies-2017-paying-with-your-face/.

Oren Etzioni, "How to Regulate Artificial Intelligence, " *New York Times*, September 1, 2017, https: //www.nytimes.com/2017/09/01/opinion/artificial-intelligence-regulations-rules.html? _r=0.

Aleecia M. McDonald and Lorrie Faith Cranor, "The Cost of Reading Privacy Policies, " *I/S* 4, no. 3 (2008): 543-568, http: //heinonline.org/HOL/Page? handle=hein.journals/isjlpsoc4&div=27&g_sent=1&casa_token=&collection= journals.

Christian Catalini and Joshua S. Gans, "Some Simple Economics of the Blockchain," working paper no. 2874598, Rotman School of Management, September 21, 2017, and MIT Sloan Research Paper No. 5191-16, available at https: //ssrn.com/abstract=2874598.

Nick Bostrom, *Superintelligence* (Oxford, UK: Oxford University Press, 2016).

Max Tegmark, *Life 3.0: Being Human in the Age of Artificial Intelligence* (New York: Knopf, 2017).

"Prepare for the Future of Artificial Intelligence, " Executive Office of the President, National Science and Technology Council, Committee on Technology, October 2016.